예수행복학 개론

서진교

글과길

예수행복학 개론

지은이 서진교

발행일 초판 1쇄 발행 2023년 9월 11일
발행인 김도인
펴낸곳 글과길

출판사 등록 제2020-000078호[2020.5.29.]
　　　　　서울특별시 송파구 삼학사로 19길 5 3층
　　　　　wordroad29@naver.com
편집 오현정
삽화 심효섭
디자인 김석범
공급처 하늘유통
　　　　　경기도 파주시 광탄면 분수리 350-3
　　　　　전화 031—947-7777
　　　　　팩스 0505-365-0691
ISBN 979-11-978184-9-3 03230
값 10,000원

예수행복학 개론

서진교

글과길

Contents

예수행복학 개론

이 책은 서진교 목사가 쓴 소설입니다. 에세이든지 칼럼이든지, 소설이든지 그의 글은 늘 사람의 심금을 울립니다. 그의 글들은 그가 몸 바쳐 하루하루를 살아내는 자신의 삶이고 진심이기 때문입니다. 그는 체구가 큽니다. 그는 마음도 큽니다. 그런데 늘 『작은 자』로 살아갑니다. 그는 마음에도 말에도 그리고 글에도 늘 "작은 자"를 달고 삽니다. 그리고 힘든 인생을 살아가는 주위의 작은 자들을 위하여 몸도 마음도 시간도 정신도 다 바칩니다. 그리하여 다른 사람들에게도 그렇게 살자고 손을 이끕니다. 감동을 안고 자원하여 나서도록 은근히 등을 떠밉니다. 이 책은 그의 이런 삶의 원동력이 어디에서 왔으며, 무엇이 그 삶을 떠받치고 있는가를 담담히 풀어낸 이야기입니다. 이 책을 읽는 사람들은 익숙한 이야기 속에 새롭게 담겨있는 감동과 용기를 경험하게 될 것입니다.

정창균 목사 │ 설교자하우스 대표, 합동신학대학원 전 총장

서진교 목사님의 글은 투박합니다. 진솔하고, 허세가 없습니다. 그래서 더 와 닿습니다. 책을 읽다 보면 어느 사이에 나를 돌아봅니다. 마음에 진지한 성찰이 일어납니다. 하나님께서 나에게 들려주시는 음성이 들리고, 회개가 일어납니다. 예수님을 만납니다. 예수님이 누구신지, 복음이 무엇인지 깨닫습니다. 나를 사랑한다고 말씀하시는 예수님을 만납니다. 세미하게 말씀하시는 성령님을 만나게 됩니다. 감동과 감화에 사로잡힙니다. 마침내 예수님이 말씀하신 행복의 길을 발견할 수 있습니다.

이상갑 목사 │ 산본교회 담임, 청년사역연구소 대표

시대를 초월해 사람들은 행복해지기를 원합니다. 행복해지려 원하는 쾌락을 누리려고 하지만, 실상은 불행과 우울의 늪에 빠집니다.

우리 속에 초월적 존재가 임재하고, 충만해야 비로소 행복해집니다. 서진교 목사님은 수많은 사람에게 어떻게 사랑해야 하는지 보여주고 있습니다. 자신은 불행과 결핍의 삶을 살았지만, 예수 그리스도 안에서 어떻게 풍성하게 채워졌는지를 보여줍니다. 사람들에게 그리스도의 편지, 향기, 사랑의 대사로 살아갑니다. 그런 저자가 예수 안에서 찾은 행복을 한국에 C.S.루이스처럼 펜으로 전달하고 있습니다. 주변에 예수님의 사랑을 알려 주고 싶은 이가 있다면, 진정한 행복을 찾는 자가 있다면, 이 책을 선물해 보세요. 가뭄에 해갈하듯, 뜨거운 태양 아래 지글거리는 사막 같은 세상 한 가운데에서 영적 해갈을 경험하게 될 것입니다.

김영한 목사 | 품는교회 담임, Next세대Ministry 대표

    사람들은 행복과 기쁨을 추구합니다. 무엇이 행복이고 기쁨일까요? 이 시대는 깔끔한 집에 살고, 비싼 차를 타고, 멋진 곳에 가고, 맛있는 것을 먹고, 드러내고픈 몸을 만들고, 그럴 수 있는 돈을 가지는 것이라고 말하는 것 같습니다. 기독교인도 마찬가지입니다. 심지어 하나님이 자기가 원하는 행복과 기쁨의 제공자요 수호자가 되어주길 기대합니다. 아무도 신앙의 대상인 예수님의 행복과 기쁨에 대해서는 관심이 없습니다. 그런데 서진교 목사님은 예수님이 무엇으로 행복해 하시는지, 무엇 때문에 기뻐하시는지 궁금해 합니다. 이 시각

으로 복음서와 사도행전을 풀어쓰었습니다. 예수님의 행복과 기쁨을 드러내는 서술도 놀랍습니다. 남들에게 없는 이 시각이 놀랍습니다. 추천사를 쓰기 위해 원고를 읽다가 "그래, 이거지!"라는 감탄사가 나왔습니다. 성도가 누려야 할 진정한 행복과 기쁨이 무엇인지, 그리고 내가 어떻게 살아야 할지 깨닫게 됩니다. 그런데 부담이 아니라 흐뭇함을 줍니다.

강신욱 목사 | 낮은울타리교회 담임, 「대화로 푸는 성경」 저자

사람들은 저마다 행복을 추구하며 살아가지만, 정작 "행복을 누리며 사는 사람들"은 많지 않습니다. 아무리 값비싼 명품과 내가 원하던 연봉을 받게 되었다 할지라도, 무엇인가를 소유함으로 얻는 기쁨은 잠깐입니다. 하나님이 사람을 천하보다 귀하게 만드셨기 때문에, 세상에 있는 것으로는 마음이 채워지지 않는 것입니다. 저자는 참된 행복을 누리며 사셨던 예수님의 삶을 조명하는 가운데, 독자들을 참된 행복의 길로 초대합니다. "복음 안"에 살기 원하고, "진정한 행복"을 누리기 원하는 모든 성도에게 이 책을 적극 추천합니다.

김인성 목사 | 함께하는교회 담임

성경은 단순히 과거 시대의 교훈을 기록한 책이 아닙니다. 태초로부터 계획된 하나님의 나라가 예수 그리스도의 다시 오심으로 완성되는 하나님 나라의 이야기입니다. 그 원대한 하나님의 계획을 깨달을 때, 성경 속에 있는 메타 내러티브를 통해서 내 삶을 볼 수 있는 눈이 생깁니다. 저자는 이 책을 통해 성경에서 시작된 복음이 오늘 내 삶 속에 여전히 역사하고 있음을 생생히 보여줍니다. 성경의 역사와 오늘 내 삶의 역사가 다르지 않음을 깨닫게 해주고, 보이는 세상 속에서 보이지 않는 하나님의 역사가 오늘 내 삶 속에 흐르고 있음을 보여줍니다. 저자는 성경을 통해 우리의 삶을 관통하는 예수 그리스도의 행복을 소개하고 있습니다. 언제나 참된 행복은 그리스도 안에 있습니다.

고상섭 목사 | 그사랑교회 담임, 「그리스도 중심 성경 읽기」 저자

머리말

　우리는 어릴 때부터 시키는 대로 다 했다. 공부해서 좋은 대학에 가면 행복할 거라고 했다. 좋은 직장에 취업하면 행복할 거라고 했다. 좋은 배우자와 결혼하면 행복할 거라고 했다. 좋은 집에 살면 행복할 거라고 했다. 그런데 행복은 그리 오래가지 못했다. 며칠이면 사라졌다. 길어야 몇 달이었다. 가지면 가질수록 갈증만 더 커졌다. 행복해지려고 부단히도 애썼는데 행복을 찾지 못했다.

　예수님을 믿으면 행복하다고 해서 교회로 왔다. 만사가 형통할 것이라고 했다. 예수님을 믿어 성공한 사람들의 이야기가 내 이야기가 되리라 믿었다. 기도 응답을 받으려고 열심히 기도했다. 문제가 해결되고, 성공하기 위해 교회에 헌신했다. 그런데 좀처럼 기도가 응답되지 않았다. 내 헌신이 부족한가 하여 더 열심을 냈다. 기도회란 기도회에 다 참여했다. 구제나 선교에도 열심을 냈다. 그런데 기도 응답이 없었다. 문제는 그대로였다. 버티다 못해 결국 쓰러지고 말았다. 번아웃 되었다.

　오랫동안 참 많이도 쓰러진 한 청년이 있다. 알코올 의존증을 앓고 있는 부모 밑에서 자랐다. 지독한 가난과 절망을 이고 살았다. 전쟁 같은 삶으로 눈물을 잃어버렸다. 울고 싶어도 울 수 없고, 웃고 싶어도 웃을 수 없었다. 마음도 표정도 마비되었다. 집에서 탈출하려고 고등학교 3학년 때 자퇴를 했다. 첫 번째 퇴학이었다. 하나님은 청년을 찾아왔다. 청년에게 꿈을 주셨다. 주의 길로 불렀다. 청년은 신학교에 입학했다. 열심히 기도하고 사역했다.

　신학교 3학년 때 등록금을 내지 못해 퇴학을 당했다. 그렇게 간절히 기도했는데, 등록금을 구하지 못했다. 두 번째 퇴학이었다. 컨테이너에서 살며 술주정하는 부모님을 챙겼다. 절망 중에 있던 청년에게 하나님이 다시 찾아오셨다. 청년을 안아주셨다. 같이 울어주셨다. 하나님이 가장 멀리 계신 것 같을 때, 하나님이 가장 가까이 계심을 깨달았다. 청년은 다시 일어설 힘을 얻었다. 때마침 오랫동안 기도한 제목이 응답되었다. 컨테이너에서 아파트로 이사를 했다. 집에 모든 빚을 갚고도 남았다. 제대 후에 신학교에 재입학했다.

신학부를 졸업하고 신대원에 들어갔다. 전임 사역을 시작했다. 청년의 인생에 다시 없을 평안한 때였다. 그런데 문제가 있었다. 큰 기도제목이 응답되니 기도할 이유가 사라졌다. 기도하지 않아도 먹고살 만하니 기도를 덜 했다. 다시 집에 풍파가 들이닥쳤다. 청년의 아버지가 또 큰 문제를 일으켰다. 어머니는 깊은 우울증에 빠지고, 이내 조현병으로 악화되었다. 청년은 어머니를 정신병동에 입원을 시켰다. 아버지도 정신병동에 입원을 시켰다. 청년은 절망했다. 사역을 내려놓았다. 신대원도 자퇴했다. 세 번째 퇴학이었다. 하지만 하나님은 또 청년을 찾아오셨다. 청년을 다시 기도하게 하려고 하나님이 고난을 허락했음을 깨달았다. 하나님을 만난 청년은 살았다. 그날로 기도의 제목이 바뀌었다. 나의 뜻이 아니라, 하나님의 뜻을 먼저 구했다. 하나님의 뜻을 구하니 기도 응답이 빨랐다. 내 삶에 역사하는 하나님을 자주 만났다. 하나님이 동행하시니 고난 중에도 행복했다.

청년은 아름다운 자매와 결혼했다. 예쁜 딸도 낳았다. 건강한 교회에서 사역을 했다. 신대원을 졸업하고, 교회사 석사과정에 들어갔다. 장애인 자립사역을 시작했다. 그즈음 청년의 하나밖에 없는 딸이 뇌전증과 발달장애 진단을 받았다. 사명으로 부름받는데, 이해당사자가 되었다. 매일 병원에 다니느라 더 이상 학업을 이어 갈 수 없었다. 청년은 결국 휴학 기한 초과로 퇴학을 당했다. 네 번째 퇴학이었다. 청년은 쓰러졌지만, 무너지진 않았다. 늘 그랬듯 하나님이 붙드셨다. 다시 일어섰다. 장애인의 자립을 돕는 목사가 되었다. 낮은 데서 예수님을 만났다. 작은 자들과 함께하며 예수님과 동행했다. 예수님과 함께하니 행복했다. 그 청년은 바로 필자였다.

예수님의 제자들도 우리가 걸어간 길을 걸었다. 행복해지려고 발버둥 쳤는데 행복하지 않았다. 예수님을 따르면 성공할 거라고 믿었는데, 실패하여 넘어졌다. 제자들이 쓰러진 자리에 예수님이 찾아오셨다. 거기서부터 다시 시작하셨다. 제자들은 마침내 행복을 찾았다. 예수님이 가르쳐준 행복을 누리며 살 수 있었다. 우리 모두 쓰러진 자들이다. 그러나 낙망하지 말 것은 거기가 바로 출발선이기 때문이다. 다시 우리를 찾아오신 예수님과 함께 행복할 것이다. 부족한 사람에게 귀한 출판의 기회를 주신 김도인 목사님께 감사드린다. 멋진 그림으로 책에 생기를 불어넣은 심효섭 목사님께 감사하다. 추천사로 큰 힘이 되어주신 목사님들께 감사드린다. 힘들 때마다 손 잡아주시고, 기도해주시는 많은 분에게도 감사의 인사를 드리고 싶다. 가장 낮은 데에 있던 내 곁을 지켜주고 끝없는 사랑으로 함께한 아내와 내 삶의 가장 큰 기쁨인 딸 지휼이에게 참 고맙다. 내 삶에 행복의 이유가 되시는 하나님께 이 책을 바친다.

예수행복학 개론

한 마을에 아버지와 두 아들이 살고 있었다. 아버지는 큰 부자였다. 많은 재산과 종들을 거느리고 살았다. 첫째 아들은 성실했다. 아버지를 도와서 열심히 일했다. 아버지의 신임이 두터웠다. 그런데 둘째 아들이 문제였다. 일할 생각을 하지 않았다. 아버지의 돈을 흥청망청 썼다. 아버지의 말에도 순종하지 않았다. 사람들을 함부로 대했다. 집에 있는 종들을 때리고 하대했다. 날마다 문제가 끊이지 않았다. 어느 날, 둘째 아들이 아버지에게 말했다.

"아버지, 저한테 줄 유산 좀 미리 당겨주세요."

두 눈 시퍼렇게 뜨고 살아있는 아버지에게 유산을 요구했다. 아버지가 건강을 잃어 죽을 날을 눈앞에 두고 있는 상황도 아니었다. 그런데 아버지에게 유산을 미리 달라고 했다. 아버지는 아들의 부탁을 들어주었다. 재산을 정리하여 아들에게 내주었다. 아들은 재산을 다 가지고 다른 나라로 이민을 갔다. 아버지가 없는 곳에서 보란 듯이 행복하게 살겠다며 집을 뛰쳐나갔다. 허랑방탕한 삶을 살았다. 유흥으로 재산을 다 탕진했다. 아들은 모든 걸 다 잃었다. 재산도 친구들도 다 잃어버리고 말았다. 돈이 많을 때 함께하던 친구들이 다 온데간데없이 사라졌다. 그렇게 잘해줬건만, 그 누구도 아들을 돌아보지 않았다.

때마침 그 땅에 흉년이 들었다. 경제가 바닥을 쳤다. 살던 집도 사라지고 아들은 그야말로 거지가 되었다. 어떤 사람의 집에 들어가 일을 했다. 그 집의 종이 되었다. 사람대접도 못 받는 인생으로 전락했다. 아버지 집에서는 많은 종을 거느리며 살았는데, 타국에서 종이 되어 버리고 말았다. 매일 돼지를 치는 일을 했다. 돼지 떼에 갇혀서 하루 종일 고된 노동을 했다. 그런데 월급은커녕, 밥도 제대로 못 얻어먹었다. 그냥 잠만 재워주는 것이 전부였다. 아들은 너무 배가 고팠다. 돼지들이 먹는 밥이라도 달라고 했지만, 그 누구도 주지 않았다.

고된 일과를 마치고, 아들은 어두운 방에 홀로 누웠다. 감은 두 눈에서는 눈물이 흘렀다. 따뜻한 고향 집이 떠올랐다. 인자한 아버지의 미소가 보였다. 아버지가 몹시도 보고 싶었다.

"내 아버지에게는 양식이 풍족한 종들이 얼마나 많았
던가. 나는 여기서 굶어 죽는구나."

아들은 아버지 집의 종들이 떠올랐다. 자기 집의 종들이 부러웠
다. 양식이 풍족한 아버지의 종들처럼 되고 싶었다. 그래서 아들은
결심했다. 아버지에게 돌아가기로 했다. 용서를 구하기로 했다. 다시
아들로 받아 달라는 말은 생각조차 못 했다. 그저 아들이 아닌, 종으
로라도 받아 달라고 간청하기로 했다. 아들은 모두가 잠을 자는 틈에
몰래 빠져나왔다. 아버지 집을 향해 도망쳤다.

며칠을 걷다 보니 어느새 고향이었다. 동네 입구에 다다르니 더
이상 걸음을 뗄 수 없었다. 아버지 얼굴을 차마 볼 자신이 없었다. 푹
숙인 고개 사이로 깊은 한숨이 새어 나왔다. 오가지도 못하고 주저
하는데, 느닷없이 누군가 아들을 덥석 끌어안았다. 바로 아버지였다.
아버지가 아들을 안고 엉엉 울고 있었다.

아들이 떠난 날부터 아버지는 늘 아들을 기다렸다. 마을의 가장
높은 곳에 올라가 아들이 떠나간 길을 하염없이 바라보았다. 언젠가

는 돌아오겠지 하는 마음으로 매일 같은 자리를 지켰다. 그런 아버지를 지켜보는 사람들이 걱정했다. 종들은 매일 아들을 기다리는 주인을 안타깝게 지켜보았다. 오랜 세월이 흘렀다. 여느 때처럼 아버지는 이른 아침, 가장 높은 곳에 올랐다. 아들이 떠나간 그 길을 바라보았다. 그런데 저 멀리서 누군가 오는 게 보였다. 바로 아들이었다. 오랜 세월이 흘렀음에도 아버지는 아들을 단번에 알아보았다. 눈도 안 좋은 노인인데, 거지가 되어 나타난 아들을 알아보았다. 자식이기에 단번에 알아보았다. 본능적으로 알아보고 달려갔다. 더럽고 냄새가 나도 상관없었다. 꼭 안아주었다. 입을 맞추고, 볼을 비볐다. 아들은 아버지에게 용서를 구했다.

"아버지, 제가 아버지께 큰 죄를 지었습니다. 저는 더 이상 아들이라 불릴 자격이 없습니다. 저를 아버지의 종으로…."

"뭣들 하느냐, 당장 내 집에서 가장 좋은 옷과 신발을 가져와 내 아들에게 입혀주어라. 반지를 가져와 내 아들의 손에 끼워주어라."

아들이 종으로 삼아 달라고 이야기하려는데, 아버지가 말을 끊었다. 더 이상 들을 필요도 없다는 듯 아들의 말을 가로챘다. 동시에 종들이 바빠졌다. 즉시 집으로 가서 가장 좋은 옷과 신발을 가져와 아들에게 입히고 신겨주었다. 반지를 가져와 아들의 손에 끼워주었다. 반지는 가족으로 인정해 준다는 의미였다. 아들은 차마 아버지의 자식이라고 여기지 못했는데, 아버지에게는 여전히 아들이었다. 아버지는 느닷없이 잔치를 벌이겠다고 했다. 먹고 즐기자고 했다. 이내 기뻐하며 말했다.

> "이 내 아들은 죽었다가 다시 살아났으며, 내가 잃었다
> 가 다시 얻었다."

주인이 기뻐하자, 곁에 있던 종들이 기뻐했다. 신이 나서 잔치를 준비했다. 순식간에 음식이 준비되고, 풍악이 울렸다. 동네 사람들이 다 모였다. 사람들이 춤추고, 노래하는 소리가 동네를 가득 채웠다.

다시 돌아온 아들은 여전히 아버지에게 아들이었다. 아무리 속을 썩여도 아버지의 생명과 같은 아들이었다. 죽을 죄를 저질러도 자식임에는 변함이 없었다. 아들은 회개하고 아버지에게 돌아왔다. 그런데 결국 아들에게 먼저 달려온 이는 아버지였다. 먼저 달려와 안아준 이는 아버지였다. 주저하는 아들을 먼저 와락 끌어안았다. 결국 아들

은 종이 아니라, 다시 아버지의 아들이 되었다. 아버지에게로 돌아갈 결심, 용기로 내디딘 한 발짝이면 충분했다.

밖에서 일하다 돌아온 첫째 아들이 깜짝 놀랐다. 느닷없이 집에 잔치가 벌어졌다. 동생이 돌아왔다. 무엇보다 망나니 동생을 아버지가 받아준 것에 큰 충격을 받았다. 아들은 아버지에게 화를 내며 말했다.

"아버지, 어떻게 그러실 수 있나요. 평생 아버지 곁에서 수고한 저에게는 염소 한 마리 잡아준 적 없으면서, 친구들과 잔치 한 번 열어준 적 없으면서, 저딴 놈을 위해 잔치를 벌이시다니요!"

아들의 하소연은 그칠 줄 몰랐다. 아버지는 내내 가만히 듣고만 있었다. 한참 분을 쏟아내던 아들이 잠잠해지자, 아버지가 입을 열었다.

"아들아, 내가 항상 너와 함께 있지 않니."

아버지의 대답은 너무 간단했다. 아버지가 함께하는 것이 더 좋은 일임을 알려주었다. 사랑하는 아버지와 함께 있는 것이 가장 행복

예수행복학 개론

한 일임을 깨우쳐 주었다. 아버지와 함께하는 것이 가장 큰 행복이었다. 참된 행복은 염소에도, 잔치에도 있지 않았다. 아버지가 아들의 행복이었다. 아버지는 아들을 토닥이며 함께 집으로 들어갔다.

아까부터 한 종이 계속 웃고 있었다. 뭐가 그렇게 좋은지 시시덕거리며 시중을 들고 있었다. 그 모습을 아니꼽게 바라보던 동료가 있었다. 망나니 같은 주인의 막내아들이 돌아와서 배알이 뒤틀려 죽겠는데, 웃고 있으니 마음에 들지 않았다. 동료가 따지듯 물었다.

"너는 뭐가 좋아서 계속 실없이 웃고 있어? 망나니가 돌아와서 심란해 죽겠는데, 뭐가 그렇게 좋아서 그래. 잔치 때문이야? 맛있는 음식을 실컷 먹어서 그런 거야? 아니면, 주인님에게 일을 잘한다고 칭찬이라도 들은 거야? 하긴, 아까 주인님이 옷과 신발을 챙겨 오라고 했을 때, 네가 먼저 뛰어가서 챙겨 오긴 했지."

"그게 아니야. 내가 기쁜 이유는 잔치도, 칭찬도 아니야. 바로 주인님 때문이야. 아들이 돌아올 때, 주인님이 기뻐하셨잖아. 그 모습을 보니까 나도 기쁘더라고. 물론, 나도 저 아들이 마음에 안 들어. 그런데 그가 돌아

왔을 때 주인님이 기뻐하셨잖아. 그게 전부야. 주인님
이 기뻐하시니 나도 기쁘더라."

종은 잔치가 열려서 즐거워하지 않았다. 주인을 따르다가 떨어진
콩고물로 인해 기뻐하지 않았다. 종의 기쁨은 자기 일을 완수함에도,
좋은 일이 생김에도 있지 않았다. 종의 기쁨은 주인의 기쁨에 종속
되어 있었다. 주인의 즐거움을 곧 자신의 즐거움으로 삼았다. 주인이
"이 내 아들은 죽었다가 다시 살아났으며 내가 잃었다가 다시 얻었
노라"라고 할 때, 종은 기뻐했다. 주인이 기뻐하는 모습이 좋아서, 덩
달아 함께 기뻐했다.

종은 오랜 세월이 지나도록 아들이 돌아오기를 바라며 애타게
기다리는 주인의 마음을 알았다. 아들이 떠난 날부터, 혹여나 돌아올
까 하루도 빠지지 않고 기다린 주인을 보았다. 아들이 떠나간 길을
우두커니 서서 바라보는 주인을 매일 지켜보았다. 주인의 마음을 누
구보다 잘 알기에 함께 기뻐할 수 있었다. 주인이 기뻐하는 모습을
보니, 자기도 좋아서 어쩔 줄 몰랐다. 주인의 기쁨을 곧 나의 기쁨으
로 삼고 살았다. 그래서 종은 행복했다. 그 행복을 누구도 빼앗아 가
지 못했다. 주인의 기쁨을 빼앗을 자가 아무도 없었기 때문이다. 내
가 사랑하는 주인과 함께하니 종은 날마다 행복했다.

1장
예수의 행복

세 번째로 찾아온 예수

시몬은 갈릴리의 어부였다. 날마다 갈릴리 호수에서 배 타고 고기를 잡았다. 결혼하여 가정도 있고, 자기 배도 가지고 있었다. 그럭저럭 먹고살 만했다. 하지만, 시몬은 만족하지 못했다. 더 성공하고 싶었다. 더 큰 일을 이루고 싶었다. 성공해서 행복하고 싶었다. 조금만 더 노력하면 될 것 같은데, 더 가지면 행복할 것 같은데, 행복은 잡힐 듯 잡히지 않았다.

그런 시몬을 답답하게 하는 사람이 있었다. 바로 동생 안드레였다. 안드레는 시몬과 완전 딴판이었다. 형과 함께 물고기를 잡았지만, 진리가 무엇인지 찾는 고상한 사람이었다. 요단강에서 세례를 베푸는 세례 요한을 따라다니더니, 급기야 그의 제자가 되었다. 시몬은 그런 동생이 못마땅했다. 더 열심히 일해서 돈을 벌 생각을 해야지, 쓸데없는 데에 시간을 낭비하는 동생을 이해하지 못했다.

하루는 안드레가 시몬에게 헐레벌떡 뛰어왔다. 가쁘게 숨을 몰아쉬는 동생을 보며 웬 오두방정인가 싶었다. 안드레가 헉헉거리며 말했다.

> "형, 우리가 메시아를 만났어. 우리 민족이 그토록 오
> 랫동안 기다렸던 그리스도를 만났다니까!"

시몬은 무슨 자다가 봉창 두드리는 소리인가 싶었다. 메시아라
니, 말도 안 되는 소리였다. 말라기 선지자 이후로 이미 400년이 넘
도록 하나님의 말씀이 들리지 않았다. 이민족의 침략을 수없이 받았
고, 결국 지금은 로마의 속국이 되었다. 아무런 소망이 없는 민족이
었다. 하나님이 우리 민족을 버리셨다고 확신했다. 그런데 메시아라
니, 그리스도라니, 어림도 없는 소리였다. 호통을 치려는데, 안드레가
시몬의 손을 잡고 억지로 끌고 갔다.

영문도 모른 채 끌려간 시몬은 예수를 만났다. 메시아라고 해서
내심 기대했는데, 기대는 여지없이 무너졌다. 자신보다 무엇 하나 잘
난 게 없는 사람이었기 때문이다. 험한 일을 하는 가난한 사람임이
분명했다. 그을린 얼굴, 굳은살과 상처로 가득한 손을 보니 목수임이
틀림없었다. 가난한 목수가 메시아라니, 저런 몰골을 한 사람이 그리
스도라니 믿을 수 없었다. 허탈함에 가만히 서 있던 시몬에게 예수가
말했다.

"요한의 아들 시몬아, 너의 이름은 장차 베드로라 불릴
것이다."

시몬은 황당했다. 자신에게 이름을 지어주다니, 황당하다 못해
화가 났다. 아버지가 지어주신 이름을 함부로 왜 바꾸는지 따지고 싶
었다. 예수의 제자가 되자는 동생의 말을 무시했다. 그냥 그 자리를
나왔다. 그다지 유쾌하지 않은 만남을 뒤로하고 떠났다. 시몬은 예수
를 다시는 상종하지 않으리라 다짐했다.

하루는 시몬이 갈릴리에서 그물을 깁고 있는데, 집에서 급히 사
람이 왔다. 장모가 열병을 앓는데, 의사가 다녀가도 소용이 없다고
했다. 시몬은 당장 집으로 달려갔다. 장모 곁에서 간호하며 밤새 곁
을 지켰다. 하지만 열은 떨어질 줄 몰랐다. 사경을 헤매는 장모와 애
태우는 아내를 지켜볼 수밖에 없었다. 여러 다른 의사들을 불러도 아
무 소용이 없었다. 더 이상 부를 의사도 없어 상심하여 앉아 있는데,
갑자기 대문을 두드리는 소리가 났다. 나가 보니 친구들과 여러 사람
이 서 있었다. 그런데 그들 중에 예수도 함께 있었다. 당황한 시몬이
자초지종을 묻자, 한 친구가 답했다.

"시몬, 장모님이 열병으로 위중하시다는 소식 듣고, 우

리가 예수를 모셔 왔어. 예수께서 회당에서 귀신 들린
자를 고쳐주셨거든. 그래서 내가 시몬의 장모님이 열
병을 앓는다고 말씀드리니 바로 와주신 거야."

예수를 다시는 보고 싶지 않았는데, 친구가 모셔 왔다고 하니 어
쩔 도리가 없었다. 더군다나 의사들도 아무런 손을 못 쓰고 있지 않
은가. 시몬은 예수에게 정중히 인사하고, 장모가 있는 방으로 안내
했다. 장모를 바라보던 예수는 갑자기 열병을 꾸짖기 시작했다. 선뜻
이해되지 않았지만 지켜볼 수밖에 없었다.

잠시 후, 거짓말 같은 일이 일어났다. 장모가 벌떡 일어난 것이다.
조금 전까지 고열로 죽어가던 사람이 멀쩡히 일어났다. 예수를 챙기
겠다고 음식과 씻을 물을 내왔다. 도저히 믿을 수 없는 일이 눈앞에
서 벌어졌다. 시몬은 휘둥그런 눈으로 곁에 있던 안드레를 보았다.
이미 예수의 제자 된 동생은 의기양양했다. 함께 예수를 따르자는
무언의 메시지를 읽었다. 하지만 시몬은 예수를 따르지 않았다. 마음
에 확신이 없었다. 안정적인 삶을 내려놓기에는 위험부담이 너무 컸
다. 그저 예수에게 감사를 표하고, 그렇게 헤어졌다.

하루는 시몬이 땀을 비 오듯 흘리고 있었다. 화가 나서 씩씩거리

고 있었다. 밤새 수고했지만 허탕을 쳤기 때문이다. 평생 갈릴리에서 물고기를 잡았지만, 한 번도 빈손으로 돌아간 적이 없었다. 늘 넉넉하게 잡았다. 그런데 처음으로 한 마리도 잡지 못했다. 밤을 새워 그물을 던졌지만, 아무것도 잡히지 않았다. 상심한 시몬은 배를 육지에 댔다. 허탈한 마음으로 그물을 정리하고 있는데, 갑자기 주변이 웅성거렸다. 사람들이 몰려오는 소리가 들렸다. 무슨 일인가 보니 예수가 오고 있었다.

이미 예수에 대한 소문이 자자했다. 예수가 수많은 병자를 고치고, 귀신을 내쫓았다는 소문이 파다했다. 가는 곳마다 많은 사람이 따랐다. 그런데 느닷없이 예수가 갈릴리를 찾아온 것이었다. 예수는 시몬에게 다가갔다. 다른 배도 있는데, 굳이 시몬의 배 위에 올랐다. 사람들을 바라보며 말씀을 전하기 시작했다. 그토록 소란스러웠던 갈릴리가 순식간에 고요해졌다. 예수의 음성 외에는 누구도 소리를 내지 않았다. 모두 예수의 말씀에 귀 기울였다. 이따금 사람들의 흐느끼는 소리만 들려왔다. 시몬도 예수의 말씀에 점점 빠져들었다. 한참 말씀을 전하던 예수가 시몬을 바라보며 말했다.

"깊은 데로 가서 그물을 던져라."

순간, 시몬의 정신이 번쩍 들었다. 마음에 밀려오던 감동이 온데 간데없이 사라졌다. 예수가 물고기 잡는 것을 가르치려 했기 때문이다. 평생을 갈릴리에서 어부로 살았는데, 밤새 물고기를 한 마리도 잡지 못해 허탈한데, 더군다나 깊은 데에 그물을 던지라니 어이가 없었다. 지금 시간대에는 깊은 데에 물고기가 없다. 갈릴리의 어부라면 다 아는 상식이었다. 그렇다고 선뜻 못한다고 할 수 없었다. 지난번에 장모님을 치료해 주었기에 예수의 말을 따랐다. 마지못해 배에 오르며 한마디 했다.

"선생님, 제가 밤새 잡은 것이 없지만, 말씀을 믿고 그 물을 내려보겠습니다."

시몬은 밤새 잡은 것이 없음을 다시 한번 강조했다. 안 되는 줄 알지만, 예수 때문에 그물을 내린다며 다시 배를 끌고 나갔다. 깊은 데에 도착한 시몬은 대충 그물을 내렸다. 그저 이 말도 안되는 상황을 빨리 끝내고 싶었다. 빈 그물을 당당히 예수께 보이고, 집에 들어가 쉬고 싶었다.

잠시 후, 그물을 올리는데 무언가 이상했다. 무거워서 도저히 들어 올릴 수 없었다. 시몬은 급히 소리쳐 동료들의 도움을 요청했다.

예수행복학 개론

끙끙거리며 그물과 사투를 벌였다. 겨우 배에 그물을 올렸다. 그물엔 물고기가 가득 찼다. 얼마나 무거웠는지 그물이 찢어졌다. 도저히 믿지 못할 일이 눈앞에서 벌어진 것이다. 신이 나서 물고기를 정리하는 동료들과 달리 시몬은 아무 말이 없었다. 얼이 빠져있었다. 한동안 우두커니 있던 시몬이 예수에게 다가갔다. 예수의 앞에서 무릎을 꿇고 말했다.

"주님, 나를 떠나소서. 나는 죄인입니다."

시몬은 자신을 죄인이라고 고백했다. 예수의 말을 따르지 않았던 모습을 회개했다. 동생 안드레를 통해 처음 만났을 때, 예수를 따르지 않았다. 두 번째로 찾아왔을 때는 장모의 열병을 고쳐주었다. 분명 예수가 자신을 부르는 것을 알고 있었다. 하지만 시몬은 매몰차게 거절했다. 이미 두 번이나 부르심을 거절했는데, 예수는 세 번째로 다시 찾아왔다. 굳이 동료의 배가 아니라, 자신의 배에 올라탔다. 눈앞에서 놀라운 기적을 보여주었다. 나 같은 게 뭐라고 포기하지 않는지 알 길이 없었다.

시몬은 동생의 말이 사실임을 깨달았다. 우리 민족이 그토록 오랫동안 기다렸던 메시아가 바로 예수임을 알았다. 그런 분에게 큰 결례를 범했다. 두 번이나 퇴짜를 놓았다. 무례하게 굴었다. 그래서 자신을 죄인이라고 시인했다. 나 같은 사람은 자격이 없다고 했다. 나 같이 완악하고, 부족한 사람은 예수의 제자가 될 수 없다고 여겼다.

예수는 시몬의 어깨를 잡아 일으켜 세웠다. 특별한 말은 하지 않았다. 그저 시몬의 눈을 지그시 바라보았다. '그래도 괜찮다'는 예수의 눈빛을 바라본 시몬은 결심했다. 예수의 제자가 되기로 했다. 자신의 삶이요, 모든 것이었던 배와 그물을 버려두고 예수를 따르기 시작했다. 그날로부터 시몬이라는 이름도 버렸다. 베드로가 되었다.

베드로를 비롯한 12명의 제자가 예수를 따랐다. 예수와 동고동락했다. 예수를 통해 그 어디서도 듣지 못한 말씀을 들었다. 놀라운 기적을 날마다 보았다. 병자들이 회복되고, 귀신이 쫓겨나고, 심지어 죽은 사람이 다시 살아나는 장면을 두 눈으로 보았다. 온 이스라엘에 예수의 소문이 퍼졌다. 수많은 사람이 예수를 따라다니기 시작했다. 제자들은 신이 났다. 메시아의 제자라는 것이 자랑스러웠다. 예수의 곁에 있으니 왠지 내가 대단한 사람이 된 것 같았다. 사람들이 우러러보기까지 하니, 들뜬 마음을 주체할 수 없었다. 당당하게 고개를 들고 예수와 함께했다.

사람들이 수군거리기 시작했다. 예수가 옛 이스라엘의 영광을 회복시킬 자라는 소리가 점점 커져만 갔다. 예수를 통해 로마로부터 독립하고, 다윗의 왕국을 다시 일으키리라는 바람이 여기저기서 들려왔다. 제자들도 그 말이 싫지 않았다. 아니, 오히려 그런 날이 오기를 누구보다 바랬다. 예수가 일으키고, 세울 나라에서 한 자리씩 차지하고 싶은 마음이 일었다. 자신이 큰 영광을 받을 날이 오리라 내심 기대했다.

어느 날부터인가 제자들이 싸우기 시작했다. 누가 더 큰 사람이냐며 서로를 비교하기 시작했다. 내가 더 잘났다고 싸우고 또 싸웠다. 예수에게 혼이 나도 그때뿐이었다. 예수가 안 보는 데서 싸우는 날들이 더 많았다. 하루는 야고보와 요한의 어머니가 예수를 찾아왔다. 별안간 예수의 앞에 엎드리며 말했다.

"예수여, 주께서 이루실 나라에서 내 아들들을 당신의
보좌 양옆에 앉게 해주십시오."

이제 어머니까지 대동하여 청탁하기에 이르렀다. 자기 아들들을 가장 높은 자리에 앉혀 달라고 부탁했다. 지켜보던 제자들은 머리끝까지 화가 났다. 어떻게 그럴 수 있냐며 격분했다. 제자들은 세상에서 성공하기 위해 예수를 따랐다. 그들 마음 깊은 곳엔 예수의 나라가 아닌, 자신의 나라를 꿈꾸고 있었다. 예수의 길이 아닌, 나의 길을 그리고 있었다.

베드로가 예수를 따르기 시작했던 순간을 떠올리면 알 수 있다. 밤새 허탕을 친 베드로는 예수의 말을 듣고 깊은 데로 그물을 던졌다. 그물이 찢어질 만큼의 물고기를 잡았다. 이미 예수의 부르심을 두 번이나 거절했지만, 그 일을 계기로 예수를 따르기 시작했다. 그물에 가득한 물고기가 마음을 움직이는 데 결정적인 역할을 했다. 예수를 따르면, 불가능한 상황에서도 많은 물고기를 잡을 수 있음을 보았다. 무엇이든 다 이뤄질 수 있다고 생각했다. 그래서 예수를 따르기 시작했다. 예수의 곁을 잘 지키면 더 많은 물고기를 얻으리라 여겼다. 더 많은 부와 명예와 권력을 차지하리라 기대했다. 예수를 통해 높이, 더 높이 오르길 원했다.

예수는 단 한 번도 성공하라고 말한 적이 없었다. 그 어디에서도, 누구에게도 높은 데로 올라가라고 하지도 않았다. 오히려 높은 데에 마음을 둔 제자들을 단호하게 다그쳤다. 하나님의 뜻은 높은 데가 아닌, 낮은 데에 있다고 했다. 큰 자가 아니라, 작은 자에게 마음을 두라고 가르쳤다. 그저 낮은 데로 가서 섬기라고 했다. 말하는 것에서 그

치지 않았다. 낮은 데서 하나님의 뜻을 구하는 삶을 몸소 보여주었
다. 늘 낮은 데에 마음을 두었다. 처음부터 그랬다. 이 땅에 내려온 그
순간부터 가장 낮은 데로 찾아왔다.

목자들을 찾아간 예수

예수가 이 땅에 탄생할 때, 그 소식을 처음 들은 사람들이 있었다. 밤에 양 떼를 지키던 몇 명의 목자들이었다. 그들은 이스라엘에서 가장 천대받는 사람들이었다. 제일 가난하고 힘없는 사람들이었다. 그런 목자들이 메시아의 탄생 소식을 가장 먼저 들었다. 밤에 양 떼를 지키는 목자들에게 별안간 천사가 나타나 말했다.

"내가 온 백성에게 미칠 큰 기쁨의 좋은 소식을 알려주노라. 오늘 다윗의 동네에 너희를 위하여 구세주가 나셨다. 그분은 예언되었던 메시아이시다. 강보에 싸여 구유에 누인 아기가 바로 그리스도이시다."

천사의 말이 마치자, 홀연히 하늘에 대규모 천군과 천사들이 등장했다. 그 위엄과 웅장함에 목자들이 압도당했다. 천사들은 큰소리로 찬양하기 시작했다.

"지극히 높은 곳에서는 하나님께 영광이요, 땅에서는

기뻐하심을 입은 사람들 중에 평화로다."

인류역사상 그 누구도 보지도 듣지도 못한 황홀한 장면이었다. 아브라함도 다윗도 보지 못한 이 영광스러운 장면의 유일한 목격자는 몇 명의 목자들이 전부였다. 목자들은 천사의 말을 따라 다윗의 동네인 베들레헴으로 갔다. 구유에 누인 아기를 찾아다니기 시작했다. 그토록 기다리던 메시아가 왔다니 너무 기뻤다. 그럼에도 마음 한구석에 의구심이 일었다. 천사의 말이 귓전을 맴돌았다.

"너희를 위하여 구세주가 나셨다."

나 같은 사람을 위해 메시아가 왔다니 믿을 수가 없었다. 가난하고, 내세울 것 하나 없는 인생인데, 사람 취급받지 못하는 나를 위해 구세주가 오셨다니 믿어지지 않았다. 구유에 누인 아기라는 단서 하나만을 가지고 찾기를 수 시간을 거듭했다.

마침내, 허름한 여관에 딸린 한 마구간에 도착했다. 천사의 말처럼 구유에 누워 잠이 든 아기가 있었다. 그 모습을 바라보는 목자들의 마음에 전율이 일었다. 우리 민족이 그토록 고대했던 메시아를 직접 보다니, 감격스러웠다. 그런데 그보다 더 감동적인 것이 있었다.

집이 아니라 양 떼들 틈에서 잠을 자는 목자인 자기들처럼, 메시아가 동물들 틈에서 주무시고 계셨다. 나를 위하여 이 땅에 오신 구세주가, 정말 나처럼 되셨다는 사실에 큰 감동을 받았다. 뺨을 타고 흐르는 눈물을 훔치며 아기 예수께 경배하였다.

마구간을 나와 양 떼로 돌아가는 길, 목자의 눈물이 그치지 않았다. 온몸을 감싼 전율이 그칠 줄 몰랐다. 잠든 양 떼들 틈에서 잠을 청하려 누웠지만 잠이 오지 않았다. 한 가지 마음에 걸리는 것이 있었다.

'왜 하필 마구간에 오셨을까? 차라리 마구간에 붙어있는 여관으로 오셨으면 될 텐데. 메시아께서 여관에 방이 없어서 마구간에 오신다는 게 말이 되는 걸까?

질문은 밤새 그칠 줄 몰랐다. 그 작고 여린 아기 예수가 냄새나는 마구간에 있어서 속상했다. 답답한 마음에 뒤척이던 그때, "너희를 위하여"란 천사의 음성이 떠올랐다. 동물우리에서 자신처럼 자고 있는 아기 예수의 얼굴이 떠올랐다. 순간, 목자는 깨달았다. 아기 예수가 마구간에 온 이유를 알았다. 바로 자신 때문이었다.

예수는 목자를 배려하여 굳이 마구간에서 태어났다. 여관에 들어가려면 돈이 필요하다. 하지만, 가난한 목자들은 돈이 없었다. 여관에 들어가려고 시도했다가는 주인에게 쫓겨날 수도 있었다. 돈 없는 목자가 여관에서 잔다는 건 상상하기 어려운 일이었다. 초라하고 허름한 행색이 그가 목자임을 드러냈다. 누구라도 목자를 한눈에 알아봤다. 그런 목자를 위해 예수가 마구간에 온 것이었다. 지독히도 가난하고, 내세울 것 하나 없는 인생도 오라고 동물우리에서 태어났다. 무릇 사람이라면 누구라도 드나들 수 있는 동물우리로 찾아왔다. 우리를 위해 우리에 왔다.

한줄기 눈물이 목자의 뺨을 타고 흘렀다. 예수의 사랑을 깨달았다. 그 사랑에 감동했다. 눈을 감고 다시 뜨면, 답답한 인생은 여전하겠지만 괜찮았다. 예수를 만났기 때문이다. 나를 사랑하시어 나처럼 되셔서 이 땅에 오신 예수를 만났기 때문이다. 사람에게 버림받았기에 하나님한테도 버림받았다고 여기며 살아왔는데, 하나님이 나를 버리지 않으셨다. 나를 만나주셨다. 사랑하셨다. 부푼 마음은 꺼지겠지만, 주께서 주신 소망은 꺼지지 않으리라.

낮고 더 낮은 데로

예수는 가난한 목수의 집에서 태어났다. 이스라엘에서 가장 가난한 동네인 나사렛에서 자랐다. 아버지를 따라 목수가 되었다. 아버지 요셉을 일찍 여의고, 일찍부터 가정의 생계를 책임져야만 했다. 어머니와 동생들을 부양하는 일에 최선을 다했다. 그럼에도 예수는 늘 자신이 이 땅에 온 목적을 알고 있었다. 인류의 죄를 대신하여 죽음으로 구원을 이루는 것이었다.

30살이 되던 해, 성인이 된 예수는 집을 떠났다. 사람들에게 회개를 촉구하고, 하나님 나라를 전파하기 시작했다. 예수의 가르침에 수많은 사람이 놀랐다. 그 어디서도 들을 수 없었던 하나님의 말씀에 사람들이 예수를 따르기 시작했다. 예수는 가는 곳곳마다 기적을 일으켰다. 보리떡 다섯 개와 물고기 두 마리로 남자만 오천 명을 먹이는 기적을 일으켰다. 사람들의 눈이 뒤집어졌다. 당장 예수를 왕으로 삼으려 했다. 그러나 예수는 그 자리를 피했다. 높아지려 하지 않았다. 오히려 더 낮은 데로만 나아갔다.

예수가 가는 곳마다 수많은 사람이 몰려왔다. 가만히 있어도 수천, 수만 명의 사람들이 모였다. 밀려드는 사람을 감당할 수 없을 정도였다. 예수는 편하게 앉아서 복음을 전하고, 기적을 일으킬 수 있었다. 그런데 가만히 앉아있지 않았다. 늘 일어나 길을 나섰다. 사람들이 주목하지 않는 사람들을 주목했다. 사람들이 찾지 않는 작은 자를 찾았다. 모두가 외면하고, 죄인이라고 손가락질하는 자들의 친구가 되어주었다. 그래서 세리와 죄인들의 친구라는 별명까지 얻었다. 예수는 그 별명을 싫어하지 않았다. 하루는 한센병자가 예수를 찾아왔다. 그는 예수 앞에 무릎을 꿇고 간청했다.

"주여, 원하시면 저를 깨끗하게 하실 수 있나이다."

제자들과 지켜보던 자들이 깜짝 놀랐다. 율법에 부정하다고 명시된 한센병자가 예수 앞에까지 왔기 때문이다. 제자들은 부정해질까 두려워 뒷걸음질 쳤다. 그러나 예수는 놀라지도, 뒷걸음질 치지도 않았다. 오히려 그를 불쌍히 여겼다. 그 순간, 예수가 놀라운 행동을 했다. 손을 내밀어 한센병자의 몸에 댄 것이다. 만지면 부정해지는데, 모두가 터부시하며 피하는데, 굳이 그의 몸에 손을 얹었다. 이윽고 예수가 말했다.

"내가 원하노니 깨끗함을 받으라."

예수는 한센병자의 치유가 자신이 원하는 일이라고 했다. 한센병자가 원하여 부탁한 일인데, 오히려 내가 원한다고 했다. 바로 긍휼이었다. 불쌍함에 들끓는 마음이었다. 예수는 내가 더 원하는 일이니 고쳐주겠다고 했다. 한센병에서 놓임 받는 일을 예수가 더 원했기에 즉시 고쳐주었다.

예수는 굳이 그의 몸에 손을 대면서까지 치유했다. 그간 말씀만으로 사람을 고쳤던 예수였다. 말씀 한마디로 어떤 병이든 고쳤는데, 굳이 한센병자의 몸을 만졌다. 누구도 만지지 않은 몸에 손을 대었다. 예수는 그를 위로하길 원했다. 한센병으로 하나님의 저주를 받았다 여기며 살아온 한 인생을 위로했다. '사람은 너를 버렸을지 몰라도, 나는 버리지 않았노라'며 토닥였다. 결국 한센병자는 몸만이 아니라, 마음까지도 치유되었다. 그의 삶이 바뀌었다. 예수의 사랑이 그의 몸과 마음과 삶까지도 바꿔놓았다.

제자들은 내심 예수가 못마땅했다. 수많은 사람이 지지하고, 심지어는 왕으로까지 세우려 하는데, 예수는 도통 관심이 없었다. 당장이라도 예루살렘에 들어가 왕이 되면 좋을 텐데, 예수는 늘 이상한 데로만 다녔다. 변방으로, 사람들이 찾지 않는 곳으로만 가니 답답해 미칠 지경이었다. 그러던 차에 예수가 예루살렘으로 가자고 했다. 티를 내지 않았지만, 제자들은 속으로 쾌재를 불렀다. 드디어 때가 왔다며 들뜬 마음으로 예루살렘으로 갔다.

왕궁으로 갈지, 성전으로 갈지 기대한 제자들과 달리 예수는 베데스다로 향했다. 거기는 사람들이 잘 가지 않는 곳이었다. 수많은 병자와 장애인들이 모인 곳이었다. 그곳에는 한 가지 소문이 떠돌았다. 일 년에 한 번 천사가 내려와 연못에 물을 움직인다. 그때, 가장 먼저 연못으로 들어가는 자는 어떤 병이든 치유된다. 소문을 들은 병자들로 인산인해를 이루었다. 말도 안 되는 소문이었다. 자비의 하나님이 가장 걸음이 빠른 사람만 치료하실 리가 없었다. 그럼에도 의지할 데 하나 없는 사람들에겐 방법이 없었다. 그저 일 년 내내 물이 움직이길 바라볼 따름이었다.

그곳에는 38년 된 병자가 있었다. 그는 걸을 수 없었다. 스스로의 힘으로 움직이지 못해서 누워있었다. 물이 움직일 때, 누구라도 도와주면 좋으련만, 아무도 없었다. 늘 다른 사람이 먼저 연못에 들어갔다. 그래도 방법이 없었다. 언젠가 도와줄 사람이 오기만을 기다렸다. 물이 움직일 때 자신을 번쩍 들어 연못에 데려다 줄 구원자를 기다렸다. 아무도 찾지 않던 그에게 예수가 찾아왔다. 예수는 그의 병이 오래된 줄 알았다. 예수가 물었다.

"네가 낫기를 원하느냐?"

"주여, 물이 움직일 때 저를 도와주는 이가 아무도 없습니다. 항상 다른 사람들이 먼저 들어갔습니다."

병자는 예수를 몰라봤다. 알아봤다면, 즉시 고쳐 달라고 부탁했을 것이다. 병자는 예수가 아닌, 베데스다 연못이 자신을 고치리라 믿었다. 그저 연못이 움직일 때, 예수가 자신을 데려가 주기만을 바랐다. 예수가 대답했다.

"네 자리를 들고 걸어가라."

예수의 말이 떨어지자, 놀라운 일이 일어났다. 병자가 스스로 몸을 일으켰다. 걸음을 떼기 시작했다. 깔고 누운 자리를 들고 신나서 걷고, 뛰었다. 그가 자리를 들고 걸어가는 모습을 본 유대인들이 비난했다. 안식일에 왜 물건을 드는 일을 하냐며 비판했다. 안식일에는 그 어떤 일도 하지 않는다는 율법을 들이대며 공격했다. 평생을 누워

있던 사람이 일어났는데, 누구도 기뻐하지 않았다. 안중에도 없었다. 유대인들은 예수에게도 시비를 걸었다. 다른 날도 많은데, 왜 굳이 안식일에 병을 고치는 일을 하냐며 정죄했다. 예수가 말했다.

"내 아버지께서 이제까지 일하시니 나도 일한다."

예수는 하나님 아버지께서 안식일에도 일하니, 나도 일할 따름이라 했다. 아버지가 쉬지 않으니, 아들인 예수도 쉬지 않았다. 태초에 하나님이 6일 동안 세상을 창조하고, 7일째는 안식했다. 그런데 사람이 죄를 짓고 떠난 날로부터 하나님은 안식하지 못했다. 자식이 집을 나갔는데 발 뻗고 잠을 잘 부모가 없듯이, 사람이 떠난 날로부터 하나님은 안식하지 못했다. 하나님은 하루도 쉬지 않았다. 집 떠난 자식을 찾으려 쉬지 않고 일했다. 사람을 구원하는 일을 완성하기까지 쉴 생각이 없었다. 그런 아버지의 마음을 누구보다 잘 아는 예수였다. 그래서 예수도 쉬지 않았다. 끊임없이 온 이스라엘을 누볐다. 안식일에도 작은 자를 찾아다녔다. 사람들을 전도하고, 고치고, 가르쳤다. 아버지처럼 사람들을 끝없이 품고 또 품었다.

예수의 분노

예수가 빌립보 가이사랴 지방에 이르렀을 때였다. 제자들을 바라보며 한 가지 질문을 했다.

"사람들이 나를 누구라고 하느냐?"

"더러는 세례 요한, 더러는 엘리야, 어떤 사람은 예레미야나 선지자 중의 하나라고 말하고 다닙니다."

제자들의 대답처럼 예수를 제대로 아는 사람이 하나도 없었다. 성경에 예언된 그리스도인 줄 알고 믿는 이들이 없었다. 모두 예수를 세례 요한이나 유명한 선지자가 부활한 것이라고 여겼다. 사람들은 예수를 있는 그대로 보지 않았다. 자신의 소원을 투영하여 예수를 바라보았다. 유명한 선지자들과 같은 역할을 기대했다. 예수를 통해 이루고 싶은 것이 있었다. 그래서 자기 마음대로 예수를 규정했다. 예수가 제자들에게 다시 질문했다.

"너희는 나를 누구라 하느냐?"

"주는 그리스도시오, 살아 계신 하나님의 아들이십
니다."

"베드로야, 네가 복이 있구나. 이를 네게 알게 한 이는
혈육이 아니요, 하늘에 계신 내 아버지이시다."

베드로의 대답에 예수가 기뻐했다. 예수를 하나님의 아들이요,
그리스도로 고백한 것을 기뻐했다. 그 누구도 예수를 그렇게 고백하
지 못했기에 더 기뻤다. 예수는 베드로가 한 믿음의 고백 위에 교회
를 세우겠다고 약속했다.

"너는 베드로이다. 내가 이 반석 위에 내 교회를 세우
리니, 음부의 권세가 이기지 못할 것이다."

베드로란 이름의 뜻은 반석이다. 예수는 베드로 위에 교회를 세
우겠다고 약속했다. 사단의 권세도 이기지 못할 교회를 든든히 세우
겠다고 약속했다. 베드로가 교회의 주인이란 의미가 아니었다. 예수
는 '내 교회'를 세우겠다고 했다. 베드로가 방금 한 믿음의 고백 위에

예수의 교회를 세우겠다는 의미였다. 예수가 이룰 구원 사역을 믿음으로 고백하는 이들 위에 교회를 세울 것을 약속했다. 베드로의 고백을 들은 예수는 때가 되었다 여겼다. 그간 제자들에게 하지 못했던 말을 들려주었다.

> "장차 내가 예루살렘에 올라가 장로들과 대제사장들
> 과 서기관들에게 많은 고난을 받을 것이다. 죽임을 당
> 하고, 삼일 만에 다시 살아나리라."

예수는 장차 당할 수난을 예고했다. 그리스도로 이 땅에 온 목적이 무엇인지 밝히 알려주었다. 사람들의 죄를 대신하여 죽임당할 것을 알려주었다. 사람들의 죄를 대속함으로 죄의 문제를 해결하고, 삼일 만에 부활함으로 영원한 생명을 줄 것을 밝히 드러냈다. 그런데 갑자기 베드로가 벌떡 일어나 예수를 붙들고 항변했다.

> "주여 그리하시면 안 됩니다. 그런 일이 결코 주님께
> 일어나지 않을 것입니다."

베드로는 예수를 말렸다. 예수가 죽는다니 말도 안 됐다. 죽여야 할 장로들과 대제사장들에게 오히려 죽임을 당한다니 안될 말이었

예수행복학 개론

다. 어떻게 예수를 따랐는데, 모든 것을 다 포기하고 따랐는데, 죽는다니 어불성설이었다. 배를 버리고, 가족도 내팽개치고 따랐는데, 그런 식의 결말은 받아들일 수 없었다. 그래서 예수를 붙들고 항변했다. 그런 일이 일어나서는 안 되며, 내가 그렇게 만들지 않을 거라고 항의했다. 예수는 베드로의 손을 뿌리치며 말했다.

> "사탄아 내 뒤로 물러가라. 너는 나를 넘어지게 하는 자
> 로다. 어찌하여 하나님의 일을 생각하지 않고, 도리어
> 사람의 일을 생각하느냐."

예수는 여전히 사람의 일을 생각하는 베드로를 책망했다. 예수를 그리스도로 고백했음에도 불구하고, 여전히 하나님의 일보다 사람의 일을 중시함을 꾸짖었다. 방금 전까지 예수의 칭찬을 받던 베드로는 한순간에 사탄이라 불리고 말았다. 입술로는 예수를 그리스도로 고백했지만, 여전히 자기 욕심을 못 버렸다. 그럼에도 예수는 낙심하지 않았다. 베드로에게 예수를 그리스도로 고백하게 한 이가 하나님 아버지임을 알았기 때문이다. 입술로 믿음의 고백을 한 베드로가 삶으로 믿음을 고백할 날이 오리라 믿었다.

예수가 공생애를 시작한 지도 3년이 지났다. 예수는 때가 된 줄

알았다. 아버지의 뜻을 이루기 위해 대속의 제물이 될 때가 온 줄 알았다. 십자가를 질 날이 가까이 온 줄 알았다.

"이제 때가 되었구나. 예루살렘으로 가자."

예수의 말을 듣던 제자들의 얼굴이 상기되었다. 저마다 흥분을 감추지 못했다. 드디어 때가 되었다며 따라나섰다. 제자들은 예수의 말을 오해했다. 부패한 종교지도자들을 심판하고, 백성들을 하나로 모아 이스라엘에서 로마를 몰아낼 때가 드디어 왔다고 여겼다. 사업과 직업, 가족까지 포기하고 따른 예수의 길인데, 드디어 보상받을 날이 왔구나 싶었다. 그 어느 때보다 당당하게 예루살렘을 향했다.

예루살렘에 예수가 도착하니 난리가 났다. 유월절을 맞아 예루살렘에 가뜩이나 사람들이 많았는데, 예수가 온다는 소식에 구름 떼같이 몰려들었다. 제자들과 마찬가지로 기대에 찬 사람들로 예루살렘이 들썩였다. 사람들의 환호성이 온 도시에 울려 퍼졌다.

"호산나 찬송하리로다, 주의 이름으로 오시는 이. 곧 이스라엘의 왕이시여!"

사람들은 예수를 왕이라고 불렀다. 이제 이스라엘의 왕이 되어 로마를 정복하고, 다윗의 나라를 회복하리라 기대했다. 예수가 일으킨 수많은 기적이 이스라엘에 새로운 세상을 가져오리라 믿었다. 그야말로 축제의 현장이었다. 하지만, 예수는 그럴 생각이 없었다. 이스라엘의 종교지도자들을 심판하는 일도, 로마를 내쫓는 일도 예수의 사명이 아니었다. 예수는 왕이나 탈 수 있는 크고 멋진 말이 아닌, 그저 작은 나귀 새끼를 타고 예루살렘에 입성했다. 예수의 관심과 사람들의 관심이 엄연히 다름을 보여주었다.

예수는 곧바로 성전에 갔다. 뒤따르던 제자들은 곧 펼쳐질 일에 대한 기대감으로 흥분되었다. 백성의 고혈을 짜는 대제사장들을 위시한 종교지도자들을 심판할 생각에 가슴이 뛰었다. 성전은 사람들로 바글바글했다. 제사를 드리러 온 사람들과 제물을 파는 사람들의 소리로 시끌벅적했다. 그런데 한곳에서 유독 큰소리가 났다.

"이보시오, 헌금을 내기 위해 돈을 바꾸는 일인데, 수수료가 너무 터무니없이 많은 것 아니오?"

"이 사람이! 누구는 땅 파서 장사하는 줄 아나? 마음에 안 들면 다른 데서 바꾸시오."

버럭 화를 내는 환전상 앞에서 그는 어떤 대꾸도 하지 못했다. 화를 억누른 채, 돈을 바꿔 갔다. 20세 이상의 유대인들은 율법에 따라 반 세겔의 성전세를 내야만 했다. 유월절 절기를 지키러 해외에서 온 유대인들은 화폐를 세겔로 환전해야 했다. 헌금을 오직 세겔로만 받았기 때문이다. 이런 점을 악용한 환전상들이 큰 수수료로 부당이득을 취했다. 제사장들과 수익을 나눴다. 관리하고 감독한 제사장들이 돈벌이에 몰두한 나머지 피해자들이 속출했다. 디아스포라 유대인들은 큰 손해를 감수하고 환전할 수밖에 없었다. 또 다른 곳에서도 사람들의 고성이 들려왔다.

"이렇게 흠이 많은데, 어떻게 제물로 쓴다는 것이오? 병들고 비실대는 제물을 어찌 하나님이 받으시겠소? 당장 바꿔주시오."

"어허, 이 사람이! 어디서 억지를 부리는 거요. 우리가 판매하는 제물은 대제사장님이 하나, 하나 직접 보고 인증해 주셨소. 당신이 대제사장님보다 제물을 잘 분별한다는 말이오?"

대제사장이란 말에 항의하던 사람이 멈칫했다. 자칫 대제사장의 권위에 도전하는 것처럼 비출까 두려웠다. 군말 없이 조용히 돈을 지불했다. 부정한 제물을 들고 제사를 드리러 갔다. 성전엔 제사에 드릴 제물을 파는 사람들이 있었다. 본래 번제의 제물은 가축만 가능했다. 집에서 기른 동물로만 드릴 수 있었다. 그중에 흠이 없는 것을 잘 골라서 드려야 했다. 이는 율법으로 정한 일이었다. 공교롭게도 가장 아끼는 가축을 고를 수밖에 없었다. 흠이 없이 관리할 정도로 공을 들였다. 정든 가축을 제물로 드리는 것은 고역이었다. 가축을 이끌고 예루살렘 성전까지 가는 것도 힘들었다. 여정 중에 가축이 다치거나 흠이 생기면, 다시 집으로 돌아가야 했다. 새로운 가축을 데리고 다시 예루살렘으로 향했다. 예루살렘에서 아무리 멀어도 가축을 고수해야만 했다.

사람들은 꾀를 내기 시작했다. 가축이 아닌, 예루살렘에서 기른 동물을 성전에서 사기 시작했다. 돈만 가지고 가면 언제든 제사를 드릴 수 있었다. 장사꾼들은 흠이 있는 동물을 비싸게 팔았다. 어차피 곧 번제로 바쳐져 죽을 것이기에 병들고 죽어가는 동물들을 판매했다. 역시나 이익의 일부는 대제사장의 주머니로 들어갔다. 누구도 대제사장의 권위에 도전할 수 없기에 울며 겨자 먹기로 성전에서 제물을 샀다.

한참 동안 그 광경을 바라보던 예수가 채찍을 들었다. 제물을 파는 자들과 환전상들에게 가까이 다가갔다. 그러더니 갑자기 그들의 상과 의자를 뒤엎었다. 채찍을 휘두르며 그들을 내쫓았다. 소와 양들을 다 흩어 버렸다. 성전은 순식간에 아수라장이 되었다. 뒤늦게 나온 제사장들이 당황하여 어쩔 줄 모르고 있었다. 예수는 사람들을 큰소리로 꾸짖었다.

"내 집은 만민이 기도하는 집이라고 성경에 기록되었는데, 너희가 어찌하여 하나님의 집을 강도의 소굴로 만드는 것인가!"

예수는 하나님의 집인 성전을 악용하는 자들을 준엄히 꾸짖었다. 성전으로 자기 잇속을 챙기는 이들에게 강력히 경고했다. 성전은 만민이 기도하는 집인데 이방인은 물론, 이방에서 온 유대인들도 찾아오기 어렵게 만들었다. 하나님을 만나러 온 사람들을 장사치들이 방해하고 있었다. 하나님을 만나러 온 이들을 실족시켰다. 하나님과 사람의 통로가 되어야 할 제사장들이 하나님께 가는 길을 두 팔 벌려막고 있었다. 제사를 핑계로 자기 배만 불리고 있었다.

제사장들은 사람들의 삶에 관심이 없었다. 더 많은 돈을 원했다.

더 큰 힘과 명예를 원했다. 자기 잇속을 챙기는 데 여념이 없었다. 모든 관심은 자신을 향해 있었다. 누가 제사를 잘 드리든 말든 관심이 없었다. 형식적으로 제사를 드리고 다음 사람을 받기에 바빴다. 자신조차도 하나님께 관심이 없었다. 내가 하나님께 관심이 없으니, 다른 사람들도 관심이 없다고 여겼다. 그것이 예수를 분노하게 했다. 하나님을 만나고 싶은 마음에 먼 길을 마다하지 않고 온 사람들을 실족하게 했다. 무엇보다 하나님이 사람들을 만나고 싶어 하셨건만, 제사장들이 필사적으로 막았다. 만민이 기도하는 집, 모든 사람이 기도하여 하나님을 만나는 집을 강도의 소굴로 만든 이들에게 예수가 분노를 쏟아낸 것이었다.

예수의 행동을 그 누구도 막을 수 없었다. 이미 예수에 대한 소문이 온 이스라엘에 파다했다. 예수의 권위 앞에 감히 아무도 나서지 못했다. 놀란 눈으로 지켜볼 수밖에 없었다. 모두 머뭇거리고 있을 그때, 장애인들이 예수에게 다가왔다. 보지 못하는 자들과 걷지 못하는 자들이 천천히 예수에게 다가갔다. 수많은 장애인을 용납하고 고쳐주었다는 예수의 소문을 들은 터였다. 예수를 만나고 싶어도 만나지 못했는데, 찾아와 주니 용기를 내서 다가갔다.

예수는 성전에서 장애인들을 만나주었다. 율법에 대한 오해로 하나님 앞에 나와 예배하지 못했던 그들을 품어주었다. 사람들이 내쫓은 장애인들을 하나님이 얼마나 사랑하시는지 보여주었다. 하나님의 아들이자 하나님인 예수가 직접 그들을 안아주었다. 그들의 몸과 마음을 고쳐주었다. 한 사람도 그냥 돌려보내지 않았다. 그간 성전에서 외면당했던 그들은 예수의 품에 안겼다. 사람에게 버림받아 하나님께 버림받았다고 여겼던 그들은 예수를 통해 회복되었다. 예수는 하나님이 결코 그들을 버리지 않았음을 몸소 보여주었다. 그렇게 그날, 장애인들은 하나님을 만났다.

예수의 부탁

십자가를 질 때가 예수에게 점점 다가오고 있었다. 예수는 제자들에게 장차 일어날 일들을 자세히 일러주었다. 종말이 가까올 수록 신자가 큰 환난을 당하고, 거짓 그리스도가 득세하며, 지구적인 재앙이 닥칠 것을 알려주었다. 그런즉 깨어 있으라고 했다. 늘 깨어서 기도함으로 시대를 분별하라고 신신당부했다. 장차 재림할 예수를 기다리라고 했다. 예수가 다시 오는 날에 일어날 일들을 자세히 알려주었다.

예수가 이 땅에 다시 오는 날, 모든 천사를 거느리고 영광의 보좌에 앉을 것이다. 모든 민족을 그의 앞에 모으고 목자가 양과 염소를 구분하는 것처럼 나눈다. 양은 오른편에, 염소는 왼편에 세운다. 그때 예수가 오른편에 있는 자들에게 말한다.

"내 아버지께 복 받을 자들이여, 창세로부터 너희를 위해서 예비된 천국을 상속받아라."

예수는 구원받은 자들을 향해 천국을 상속받으라고 했다. 천국을 상속이라는 방식으로 주겠다고 한 것이었다. 상속은 유산을 받을 때나 쓰는 말인데, 예수는 천국을 유산으로 주겠다고 했다. 부모가 죽어야만 받을 수 있는 것이 유산이다. 예수가 죽음으로 천국을 주겠다고 말한 것이다. 여기에 문제가 있었다. 하나님인 예수는 죽을 수 있는 존재가 아니었다. 그래서 죽을 수 없는 하나님이 사람이 되었다. 사람의 죄를 대신하여 죽었다. 그 죽음을 믿는 자들은 천국을 유산으로 받았다. 예수는 죽음으로 신자에게 천국을 상속했다.

예수는 구원받은 의인들에게 고맙다고 했다.

> "내가 배고플 때 먹을 것을 주었고, 목마를 때 마실 것을 주었고, 헐벗을 때 옷을 입혔고, 나그네일 때 영접하였고, 병들었을 때 와서 돌보았고, 감옥에 갇혔을 때 찾아와줘서 고마웠다."

예수의 말을 듣던 의인들이 깜짝 놀랐다. 아무리 생각해도 이 땅에서 예수를 직접 만난 적이 없었기 때문이다. 의인들이 예수에게 질문했다.

"주여, 우리가 언제 배고픈 주님께 밥을 드렸고, 목마를 때 마실 것을 드렸습니까? 언제 나그네 되신 것을 보고 영접하였고, 벗으신 것을 보고 옷을 입혔습니까? 언제 병드신 것이나 옥에 갇히신 것을 찾아가서 뵈었습니까?"

"내가 진실로 너희에게 이르노니 너희가 여기 내 형제 중에 지극히 작은 자 하나에게 한 것이 곧 내게 한 것이니라."

예수의 대답에 의인들은 그제야 고개를 끄덕였다. 이 땅에서 만났던 지극히 작은 자가 곧 예수라는 말에 감격했다. 내가 만났던 소외된 이웃이 바로 예수였다니, 큰 감동이었다. 나를 위해 십자가에서 죽은 예수의 은혜를 갚고자 하나님의 뜻을 구했다. 세상 사람들은 다 외면해도, 예수는 외면하지 않는 이들에게 나아갔다. 지극히 작은 자들을 사랑으로 섬겼다. 결코 쉽지 않은 일이었다. 사막과 같이 물 한 방울 나지 않는 인생들과 더불어 사는 일은 참 어려웠다. 사막 위에 선인장처럼 온몸에 가시밖에 남지 않은 사람들을 품을 때마다 아팠다. 그래도 예수께서 사랑하는 이들이니 나도 사랑하려고 포기하지 않았다. 그런데 그 작은 자들이 바로 예수였다. 의인들이 사랑한 건

불쌍한 사람이 아닌, 바로 예수였다.

말을 마치자, 예수는 반대편으로 고개를 돌렸다. 왼편에 사람들의 얼굴이 하얗게 질렸다. 자신에게 닥칠 심판에 사시나무 떨듯 떨고 있었다. 예수는 조금 전까지와는 사뭇 다른 강한 어조로 말했다.

"저주받은 자들아, 나를 떠나가라. 마귀와 그 사자들을 위하여 예비된 영영한 불에 들어가라. 내가 배고플 때 너희가 먹을 것을 주지 않았고, 목마를 때 마실 것을 주지 않았고, 헐벗을 때 옷을 입히지 않았고, 나그네일 때 영접하지 않았고, 병들었을 때와 감옥에 갇혔을 때 와서 돌아보지 않았다."

"주여, 우리가 언제 주님을 공양하지 않았습니까? 언제 주님을 외면했습니까? 그렇지 않았습니다."

이미 예수의 답을 들은 악인들은 필사적으로 변명했다. 이 땅에서 분명히 예수를 만난 적이 없다고 말했다. 지극히 작은 자가 어찌 예수일 수 있느냐는 항변이었다. 가난하고, 집이 없어 거리를 배회하는 자들이 예수라는 것을 결코 받아들일 수 없었다. 삶에 찌들고,

병들어 골골대는 사람들, 심지어 감옥에 갇힌 죄수들이 예수라니, 더더욱 용납할 수 없었다. 예수가 예수다운 모습으로 내 앞에 나타났으면, 결코 외면하지 않았을 것이라는 변명이었다. 예수인 줄 알았으면 절대로 외면하지 않았을 거라며 항변했다. 예수는 단호하게 대답했다.

> "내가 진실로 너희에게 말한다. 이 지극히 작은 자 하나에게 하지 아니한 것이 곧 내게 하지 아니한 것이다. 너희는 영벌에, 의인들은 영생에 들어가리라."

악인들은 심판당했다. 영원한 형벌에 처했다. 의인들처럼 천국을 상속받지 못했다. 의인들이 구원받은 이유는 착한 일을 해서가 아니었다. 예수를 믿었기 때문이다. 마찬가지로 착한 일을 하지 않아서 악인들은 심판을 당한 게 아니었다. 예수를 믿지 않아 심판을 당했다. 천국을 유산으로 상속받지 못했다. 예수를 믿지 않았기에 작은 자들을 외면했다. 그 마음에 예수가 없었기에, 지극히 작은 자들을 그냥 지나쳤다. 믿지 않았기에 심판을 받았다.

예수를 믿어 그 마음에 예수가 심긴 사람은 작은 자들을 외면할 수 없었다. 적어도 예수가 작은 자들을 주목하는 것을 알기 때문이었다. 예수가 그들을 사랑하는 줄 잘 알기에 나도 사랑하려고 했다. 쉽지 않지만, 사랑하려 몸부림쳤다. 도저히 예수라고 봐줄 수 없는 몰골과 성정의 사람들이지만, 그들이 곧 예수라는 말을 믿기에 포기하지 않았다. 나를 위해 죽으신 예수를 믿기에, 예수의 말이 진리임을 믿기에 끝까지 사랑했다. 예수를 믿어 구원받았고, 예수를 섬겨 칭찬받았다. 단 한 번의 영원한 칭찬을 얻었다.

예수의 기쁨

예수는 제자들에게 자신이 받을 수난을 다시 예고했다. 십자가에서 죽고 삼일 만에 부활할 것을 또 알려주었다. 제자들은 근심했다. 사랑하는 스승이 죽는다니 덜컥 겁이 났다. 모든 것을 다 포기하고 예수를 따랐는데, 아무것도 얻지 못하다니 혼란스러웠다. 이제 로마를 정복하고, 부패한 종교지도자들을 심판해야 하는데, 죽는다니 말도 안 되는 소리였다. 예수가 말했다.

"내 기쁨이 너희 안에 있어서, 너희 기쁨이 충만하길 원한다."

예수는 제자들에게 자신이 기쁘다고 했다. 시무룩해 있는 제자들과 달리 예수는 기뻤다. 오죽 기쁘면 자신의 기쁨을 제자들도 가지길 바란다고까지 했다. 예수는 그 바람을 담아 하나님 아버지께 기도했다.

"아버지, 지금 내가 아버지께로 갑니다. 내가 지금 이

말을 하는 것은 내 기쁨을 제자들도 충만히 가지게 하
기 위해서입니다."

이제 곧 십자가에서 죽을 줄 알면서도 예수는 기쁘다고 했다. 기
쁨이 충만했다. 무엇을 위한 기쁨이었는지 아무도 몰랐다. 어떤 기쁨
인지 아무도 이해 못 했다. 예수는 당장 닥칠 일을 대비했다. 제자들
을 지켜주기를 원했다. 그래서 제자들에게 다시 한 번 신신당부했다.

"오늘 밤에 너희가 다 나를 버릴 것이다. 그러나 내가
살아난 후에 너희보다 먼저 갈릴리에 가서 기다릴 것
이다."

베드로가 자신 있게 예수에게 대답했다

"모두 주를 버릴지라도 나는 결코 버리지 않겠나이다."

"내가 진실로 네게 이르노니, 오늘 밤 닭 울기 전에 네
가 세 번 나를 부인하리라."

예수는 겟세마네 동산에 올라갔다. 무릎을 꿇고 간절히 아버지께

기도했다. 세 번이나 반복해서 한 기도의 제목은 하나였다.

"아버지, 할 수만 있거든 이 잔을 내게서 옮겨주옵소서."

예수는 십자가 지는 것을 피할 수만 있으면 피하게 해달라고 기도했다. 심한 통곡과 눈물로 간구하였다. 공생애 중에는 단 한 번도 자신의 필요를 놓고 기도하지 않았다. 자신의 소원을 놓고 기도한일이 없었다. 그런데 지금 예수가 처음으로 자신의 필요를 간구했다. 예수에게도 십자가는 가벼운 것이 아니었다. 무거운 것이었다. 그럼에도 예수는 십자가로 나아갔다. 십자가의 무거움보다 사람들을 향한 사랑이 더 무거웠기 때문이다. 십자가의 두려움보다 사람들을 구원하는 기쁨이 더 컸기 때문이다.

예수는 기쁨으로 십자가를 향해 나아갔다. 자신이 대신 죽음으로 사랑하는 사람들을 살릴 수 있기 때문이었다. 예수는 사람들이 당할고통을 대신 당할 수 있었다. 사람들이 당할 죽음을 대신 당할 수 있었다. 사람들 대신 죽어서 그들을 살릴 수 있었다. 예수가 징계를 받음으로 사람들이 평화를 누리고, 예수가 채찍에 맞음으로 사람들이 치료될 줄 알았다. 구원받을 줄 알았다. 그래서 예수가 기뻐한 것이었다. 자식이 아파도 부모는 대신하여 아파할 수 없지만, 사람을 창

조한 예수는 그게 가능했다. 부모는 자식의 고통을 가져올 수 없지만, 예수는 대신 가져와 당할 수 있었다. 자식을 대신하여 아파할 수만 있다면, 그 길이 고통의 길이라 할지라도 부모는 기쁨으로 간다. 그래서 예수는 기쁨으로 이 땅에 달려왔다. 자신이 죽는 길이라 할지라도, 사람들을 살릴 수 있는 길이기에 기쁨으로 십자가를 향해 나아갔다.

2장
예수로 행복

베드로를 찾은 예수

기도를 마친 예수는 때가 이른 줄 알았다. 이에 일어나 제자들에게 말했다.

"일어나라 함께 가자. 보라 나를 파는 자가 가까이 왔다."

예수의 제자 중 하나인 가룟 유다가 멀리서 다가오고 있었다. 예수를 잡으려고 대제사장의 군인들을 데리고 왔다. 기세등등한 군인들에게 예수가 말했다.

"너희가 누구를 찾느냐?"

"나사렛 예수라."

"내가 그니라."

예수의 말이 마치자마자 놀라운 일이 일어났다. 군인들이 갑자기 땅에 엎드려졌다. 뒷걸음질 치기 시작했다. 두려움에 벌벌 떨었다. 예수가 신적 능력으로 군인들을 제압한 것이었다. 공생애 중에 신적인 능력으로 사람을 제압한 것은 처음이자 마지막이었다. 그 이유는 제자들을 살리기 위해서였다. 예수는 군인들에게 한 가지를 요구했다.

> "너희가 찾는 자는 바로 나이니, 나를 잡아가라. 대신에 내 제자들은 잡지 말아라. 그들이 가는 것을 용납하라."

군인들은 딱히 대답할 말을 찾을 수 없었다. 당장 힘으로 예수를 데리고 갈 수 없다는 것을 잘 알았다. 그런데 예수가 스스로 잡혀 준다고 하니, 다른 선택의 여지가 없었다. 예수는 잡히고, 덕분에 제자들은 도망칠 수 있었다. 훈련된 수많은 군인을 피해 달아날 수 있었다. 예수가 길을 열어준 덕분에 살았다. 제자들이 다 도망치고, 예수는 군인들에게 잡혀 주었다.

예수는 밤새 대제사장에게 심문을 당했다. 이때 베드로가 몰래 예수를 따라왔다. 대제사장의 뜰에서 예수를 몰래 지켜보고 있었다.

한 여종이 베드로를 보고 예수의 제자가 아니냐고 물었다. 베드로는 나는 그런 사람이 아니라며 부인했다. 잠시 후, 사람들이 몰려와서 베드로에게 예수의 제자가 아니냐며 재차 물었다. 베드로는 다시 아니라고 부인했다. 예수가 잡힐 때 현장에 있던 베드로를 본 사람이 나와서 말했다.

"이보시오, 내가 겟세마네 동산에서 당신을 보지 않았소? 당신은 예수의 제자임이 틀림없소."

"이 사람이 지금 무슨 헛소리를 하는 거요? 당신이 무슨 말을 하는지 도무지 모르겠으니, 생사람 잡지 마쇼. 나는 예수와 아무런 상관이 없소!"

바로 그 순간, 닭이 우는 소리가 들렸다. 베드로가 세 번째로 예수를 부인하자 닭이 울었다. 베드로의 마음이 덜컥 내려앉았다. 예수가 했던 말이 떠올랐다. 예수를 세 번 부인한 그 순간에 정말로 닭이 울었다. 부끄러움에 고개를 들 수 없었다. 그렇게 자신만만했는데, 다른 사람은 몰라도 나만큼은 예수를 버리지 않으리라 확신했는데, 오히려 세 번이나 더 버리고 말았다. 죄책감이 베드로를 집어삼킬 듯 큰 입을 벌린 채 다가오고 있었다.

대제사장에게 심문을 당하던 예수도 닭이 우는 소리를 들었다. 그 순간, 예수가 돌이켜 주변을 두리번거렸다. 심문하는 대제사장을 개의치 않고, 누군가를 찾는 듯 보였다. 마침내 예수의 시선이 한곳에서 멈췄다. 바로 베드로였다. 베드로를 찾은 것이었다. 닭이 우는 그 순간이 베드로가 낙망하는 시간인 줄 알았기 때문이다. 그래서 묶인 채 심문을 당하는 와중에도 베드로를 찾은 것이었다.

예수와 베드로의 눈이 마주쳤다. 당황한 베드로의 동공에 지진이 일었다. 하지만 예수의 눈은 잔잔한 바다 같았다. 한없이 차분하고 고요했다. 예수의 눈엔 원망이 없었다. 배신한 제자를 향한 책망의 눈빛도 아니었다. 용서의 눈빛이었다.

'베드로야, 괜찮다. 내가 너의 연약함을 다 안다. 그러니 괜찮다. 포기하지 말거라. 나도 너를 포기하지 않는다. 끝까지 견뎌내라.'

예수의 눈을 본 베드로의 마음이 무너졌다. 밖에 나가서 펑펑 울었다. 심히 통곡했다. 회개의 눈물이었다. 회복의 눈물이었다. 그 눈물이 베드로를 살렸다. 똑같이 예수를 배신했지만, 예수의 눈을 본 베드로는 살았고, 보지 못한 유다는 죽었다.

예수행복학 개론

하나님 아버지의 마음

예수는 밤새워 심문과 모진 고문을 당했다. 온몸이 탈진하여 걸을 힘조차 없었지만, 십자가를 지고 골고다를 올랐다. 이때 두 명의 강도가 예수와 함께 십자가를 지고 올랐다. 그들은 무슨 큰 죄를 지질렀는지 사형수였다. 마침내 손과 발에 못이 박힌 예수는 십자가 위에 달렸다. 앞에서는 대제사장들과 군중이 예수를 욕하고, 양옆에서는 강도들이 예수를 저주했다. 예수는 자신을 십자가에 못 박고 온갖 욕과 저주를 퍼붓는 자들을 바라보며 말했다.

"아버지, 저들은 자신이 무슨 일을 하는지 알지 못합니다. 그러니 용서해 주세요."

십자가에 달린 예수가 처음으로 한 말은 용서였다. 아버지께 용서를 구했다. 예수의 기도엔 사연이 있었다. 예수는 아버지의 마음을 알았다. 하나밖에 없는 아들인 자신이 십자가에 못 박혀 죽어가는 모습을 바라보는 아버지의 심정을 누구보다 잘 알고 있었다. 십자가에 달리기 전, 예수는 십자가에 달린 아들을 바라보는 아버지의 마음을 제자들에게 알려주었다. 큰 포도원 주인의 이야기를 들려주었다.

큰 포도원에 주인이 있었다. 포도원을 농부들에게 세를 주었다. 소출할 때가 되어 세를 받으려고 종을 보냈다. 그런데 농부들이 세를 주기는커녕 종을 잡아서 죽였다. 주인은 더 많은 종을 보냈다. 이번에도 농부들은 종들을 잡아서 죽이고, 때려서 돌려보냈다. 너무 황당한 주인은 고민에 빠졌다. 그리고 한 가지를 결심했다.

'그래도 내 아들은 존대하겠지. 존중히 여기겠지.'

주인은 하나밖에 없는 아들을 농부들에게 보냈다. 죽을 자리인 줄 알면서도 아들은 순종하여 길을 나섰다. 주인의 아들이 오는 것을 멀리서 지켜보던 농부들이 수군거렸다.

"이는 상속자니, 죽이고 우리가 그 재산을 차지하자."

농부들은 주인의 아들을 잡았다. 성 밖으로 끌고 가서 아들을 죽였다. 아들이 죽었다는 소식은 곧바로 주인에게 전해졌다. 주인은 더이상 아무 말도 하지 않았다. 일언반구도 하지 않았다. 즉시로 포도원에 군사들을 보냈다. 농부들을 진멸시켰다. 싹 쓸어버렸다. 한 사람도 살려두지 않았다. 십자가에 달린 하나뿐인 아들을 바라보는 아버지의 마음이 이와 같았다. 다 쓸어버리고 싶었을 것이다.

'내 종들을 그렇게 보냈는데 다 죽이더니, 이제 아들까지 죽이네.'

그러니 예수가 기도한 것이다. 십자가에서 처음으로 입을 열어 기도했다. 모르고 그러는 거니 용서해 달라고 아버지께 간구했다. 하나뿐인 아들의 기도를 들은 아버지는 즉시로 기도에 응답했다. 예수를 욕하던 강도 중에 한 사람이 갑자기 태도를 바꿨다. 조금 전까지만 해도 예수를 욕하던 자가, 오히려 상대편 강도를 꾸짖기 시작했다.

"너는 지금 사형을 당하면서도 어찌 하나님을 두려워하지 않느냐. 우리는 우리 죄 때문에 죽는 것이 당연하지만, 예수가 행한 일 중에 옳지 않은 일이 없다."

맞은편 강도를 꾸중하던 강도가 예수를 바라보며 부탁했다.

"예수여, 당신의 나라에 임하실 때에 나를 기억하소서."

"내가 진실로 말하노니, 네가 오늘 나와 함께 낙원에
있으리라."

예수는 숨이 끊어져 가는 순간에도 강도를 외면하지 않았다. 십
자가에 못이 박혀 매달린 순간에도 그를 향해 나아갔다. 그의 간구에
응답해 주었다. 제자들에게 감옥에 갇힌 자가 지극히 작은 자라고 가
르쳤는데, 예수는 십자가 위에서 본을 보였다. 감옥에 갇힌 자를 찾
아가는 차원을 넘어 십자가에 달린 사형수를 십자가 위에서까지 찾
았다. 예수로 인해 강도는 죽는 자리에서 영원한 생명을 얻었다. 구
원을 받았다. 이 땅에서 예수의 삶은 목자로 시작하여 사형수를 찾아
가는 데까지 이르렀다. 지극히 작은 자로 시작하여 지극히 작은 자로
마쳤다.

강도의 변화가 무색하게도 예수를 향한 사람들의 조롱은 그칠
줄 몰랐다. 대제사장들과 그들의 수하에 있는 사람들은 쉬지 않고 욕
과 저주를 퍼부었다. 다른 사람들도 예수를 조롱하며 도발했다.

"너는 남을 구원하였으면서, 스스로는 구원하지도 못
하는구나. 십자가에서 내려와 보라. 그러면 우리가 너
를 그리스도로 믿겠노라."

사람들은 예수에게 메시아임을 증명하라고 했다. 십자가에서 내려오면 믿겠노라며 조롱했다. 예수는 십자가에서 내려올 수 있었다. 스스로의 힘으로 내려올 힘이 있었다. 사람들을 힘으로 압도할 능력이 충분했다. 무릎 꿇릴 수 있었다. 그런데 예수는 증명이 아니라 순종을 택했다. 그저 아버지의 뜻에 순종했다. 십자가에서 사람들을 구원하는 일에 순종했다. 사람들이 원하는 방식이 아닌, 하나님의 방식으로 그리스도임을 증명했다.

갑자기 온 땅에 어두움이 임했다. 대낮인데 해가 빛을 잃었다. 칠흑 같은 어두움 앞에 온 세상이 고요해졌다. 그 옛날 이스라엘이 이집트에서 탈출할 때와 같았다. 장자가 죽는 마지막 열 번째 심판이 일어나기 전, 이집트 온 땅에 어두움이 임했다. 어두움은 가장 큰 심판의 전조였다. 그 옛날 패역한 이집트에 임한 심판을 이제는 패역한 이스라엘이 당할 차례였다. 그 순간, 예수가 큰 소리로 외쳤다.

"나의 하나님, 나의 하나님, 어찌하여 나를 버리셨나이까."

예수는 하늘을 향해 울부짖었다. 자신을 버린 하나님께 부르짖었다. 아버지와의 분리를 처음으로 경험한 예수는 애타게 아버지를 찾았다. 하나님은 이스라엘을 버리지 않았다. 사람들을 버리지 않았다. 오히려 아들을 버렸다. 이스라엘에 심판이 임하지 않았다. 장자들이 죽는 일도 일어나지 않았다. 오히려, 예수에게 심판이 임했다. 하나님의 장자가 죽었다. 하나님은 이스라엘의 장자가 아닌, 하나뿐인 자신의 아들을 죽였다. 패역한 이스라엘, 패역한 사람들을 살리려 아들을 내어주었다.

"내 영혼을 아버지 손에 부탁하나이다."

예수는 아버지에게 자신의 영혼을 부탁했다. 그렇게 아버지는 예수의 영혼을 받았다. 예수가 운명한 순간, 성전의 성소 휘장이 찢어졌다. 사람의 힘으로 찢을 수 없는 휘장이 위에서부터 아래로 찢어졌다. 위에서 가해진 강력한 힘이 휘장을 아래로 가른 것이다. 아버지가 한 일이었다. 하나님과 사람 사이를 막던 죄를 상징한 휘장을 아버지가 찢은 것이다. 당신의 아들을 내어줌으로 죗값을 치르자마자, 직접 찢어 버렸다. 지긋지긋한 휘장을 손수 찢었다. 그렇게 사람은 하나님께 나아갈 길이 열렸다. 하나님은 영원히 함께 있고 싶었던 사람을 되찾았다. 마침내 자녀들을 품에 안았다.

다시, 세 번째로 찾아온 예수

예수의 죽음 이후 사람들은 뿔뿔이 흩어졌다. 제자들은 물론 예수를 따르는 사람들도 각기 제 길로 갔다. 예수의 죽음 앞에 모두가 절망했다. 예수가 말한 대로 죽었지만, 말한 대로 다시 살아날 것을 믿는 이들은 하나도 없었다. 누구도 부활을 기대하지 않았다. 다 끝났다고 생각했다.

십자가에서 죽은 지 삼일이 되는 날, 약속대로 예수는 부활했다. 부활한 예수는 자신의 머리부터 발끝까지 감쌌던 세마포를 풀지 않았다. 그냥 그대로 통과하여 일어났다. 흐트러짐 없는 세마포만 덩그러니 놓였다. 예수는 무덤을 막고 있던 돌문을 옮겨서 나오지 않았다. 그냥 그대로 벽을 통과하여 지나갔다. 아무런 움직임의 흔적도 없는 돌문만 자리를 지켰다. 예수는 천사를 통해 무덤 문을 옮겨 놓았다. 곧 무덤을 찾아올 이들이 있음을 알았기 때문이다. 무덤을 옮길 수 없는 사람들을 배려하기 위해서였다.

그날은 안식일 후 첫날이었다. 막달라 마리아를 비롯해 몇 명의 여인들이 이른 아침부터 예수의 무덤을 찾았다. 십자가를 진 예수의 곁을 끝까지 지켜준 이들이었다. 예수의 장례를 급하게 치러 시신에 향품도 제대로 바르지 못한 것이 마음에 걸렸다. 무덤으로 향하는 여인들에게 걱정이 하나 있었다. 무덤의 입구를 막고 있는 큰 돌문을 옮길 방법이 없었다. 그래도 무작정 갔다. 무덤에 도착한 여인들이 깜짝 놀랐다. 돌문이 열려 있었다. 무덤 안에 예수의 시신이 온데간데없이 사라졌다. 시신을 쌌던 세마포가 흐트러지지 않고 그대로 놓여있었다.

어찌 된 영문인지 모른 마리아는 무덤 밖에 서서 울었다. 예수의 시신이 도둑맞은 줄 알았다. 우는 마리아에게 예수가 다가갔다. 예수가 마리아의 이름을 부르자, 마리아는 예수를 알아보았다. 예수를 붙들고 울었다. 예수는 마리아에게 부활을 제자들에게 전하라고 했다. 그러면서 한 가지 당부를 덧붙였다.

"내가 먼저 갈릴리에 가서 기다리겠다고 제자들에게 전하라."

마리아는 즉시 제자들에게 달려갔다. 예수의 부활을 기뻐하며 전했다. 부활한 예수가 먼저 갈릴리에 가서 기다리고 있으니 빨리 가라고 했다. 실은 마리아가 전한 말을 제자들은 이미 알고 있었다. 예수가 십자가 지기 전에 제자들에게 미리 알려준 내용이었다. 십자가에서 죽고 부활한 뒤에, 갈릴리에 먼저 가서 기다리겠다고 이미 제자들에게 말했다. 그런데 제자들은 그 말을 까맣게 잊어버렸다. 예수의 부활을 믿지 않았다. 당연히 갈릴리에 가지도 않았다.

제자들은 모든 문이란 문은 꽁꽁 잠그고 숨었다. 예수를 죽인 대제사장이 자신들도 잡아 죽일까 봐 두려웠다. 벌벌 떨고 있는 제자들에게 예수가 찾아왔다. 제자들이 모인 방의 벽을 통과하여 불쑥 들어왔다. 두려움에 떠는 제자들에게 예수가 말했다.

"너희에게 평강이 있을지어다."

부활한 예수가 눈앞에 나타나자 제자들이 깜짝 놀랐다. 믿을 수 없는 광경에 할 말을 잃었다. 예수는 손과 옆구리에 난 구멍을 보여주었다. 그제야 제자들이 믿었다. 내 앞에 선 이가 예수임을 알았다. 제자들이 기뻐했다. 말한 대로 다시 살아난 예수를 눈앞에서 보니 너무 기뻤다. 다시 살아서 나타나니 기쁨을 주체할 수 없었다. 흥분된 마음을 진정하지 못하는 제자들에게 예수가 차분히 말했다.

"아버지께서 나를 보내신 것같이 나도 너희를 보내
노라."

예수의 말이 떨어지기 무섭게 제자들의 표정이 어두워졌다. 예수
를 따르라는 말에 선뜻 누구도 나서지 못했다. 부활한 예수를 만났음
에도 선뜻 예수를 따르지 못했다.

예수가 떠나고, 자리를 비웠던 도마가 왔다. 동료들은 예수가 정
말로 부활했다며, 서로 침을 튀기며 말했다. 어리둥절하게 지켜보던
도마가 그들의 말을 끊고 단호하게 말했다.

"지금 무슨 말도 안 되는 소리를 하는 거야. 나는 너희
들의 말을 믿을 수 없어. 내가 예수의 손에 못 자국을
보며, 내 손가락을 손과 옆구리에 난 못 자국에 넣어 보
기 전에는 절대 믿지 않을 거야!"

그날로부터 8일이 지났다. 제자들은 여전히 그곳에 숨어 있었다.
문이란 문은 다 잠갔다. 예수가 제자들을 다시 찾아왔다. 그 자리엔
도마도 있었다. 도마는 놀라움에 입을 다물지 못했다. 예수가 도마를
바라보며 말했다.

"도마야, 너의 손가락을 내밀어 내 손과 옆구리에 난 구멍에 넣어 보라. 그렇게 해서라도 네가 믿을 수 있다면, 얼마든지 넣어 보거라."

예수는 도마가 한 말을 알고 있었다. 그의 불신앙을 알았다. 도무지 믿지 않는 도마의 완악함을 잘 알았다. 예수는 도마를 책망하지 않았다. 오히려 손가락을 넣어서라도 믿으라고 했다. 그렇게 해서 믿을 수 있다면 얼마든지 넣어 보라고 한 것이었다. 도마는 차마 고개를 들지 못했다. 자신의 말이 너무 부끄러웠다. 도마가 예수에게 엎드리며 말했다.

"나의 주님이시요, 나의 하나님이십니다."

부활한 예수의 손과 옆구리에 난 구멍을 본 도마는 부활을 믿었다. 마침내 예수를 하나님으로 고백했다. 예수의 부활체에 난 구멍이 도마를 변화시켰다. 예수는 부활체에 상흔을 남겼다. 부활체에 십자가의 흔적을 새겼다. 고통의 기억이요, 깊은 상처임에도 그대로 두었다. 상처 없는 깨끗한 몸으로 부활할 수 있음에도 굳이 구멍을 메우지 않았다. 결국, 그 흔적이 한 사람을 변화시켰다. 끝까지 믿지 못한 완악한 제자를 믿게 했다. 한 영혼을 위해 남겨둔 상처가 기어이 한 영혼을 구원했다. 도마를 영원히 살렸다.

제자들은 부활한 예수를 두 번이나 만났다. 부활한 예수를 직접 본 제자들은 뛸 듯이 기뻤다. 죽음을 이기고 부활한 예수가 함께하니 두려울 것도 없었다. 예수는 제자들을 다시 불렀다. 하나님 나라를 위해 살라는 사명을 주었다. 자리를 박차고 일어나 당장이라도 예수를 따를 법한데, 제자들은 멈칫했다. 선뜻 예수의 부름에 응답하지 못했다. 모두 눈치를 보며 주저했다. 예수의 길을 다시 가겠다고 말하지 못했다.

오랜 침묵이 이어졌다. 결국 제자들은 예수를 따르지 않았다. 예수의 길을 내려놓았다. 사명을 포기했다. 부활한 예수를 두 번이나 만났지만, 예수를 따르지 않았다. 두려워서 그런 게 아니었다. 부끄러워서 그랬다. 염치가 없었다. 예수를 따를 용기가 없었다. 배신하고 모른 체했던 자신의 모습이 떠올랐다. 부활한 예수를 만나 기쁨을 이기지 못해 방방 뛰다가도, 밀려오는 자괴감을 어찌할 도리가 없었다. 자책감이 도무지 사라지지 않았다. 이미 예수를 따르다 넘어졌기에 또 넘어질까 두려웠다. 넘어지지 않을 자신이 없었다. 다시 낙망할 것이 분명하기에 선뜻 예수를 따르지 못했다.

예수가 떠나고 난 자리에 무거운 침묵이 흘렀다. 푹 숙인 고개들 사이로 깊은 한숨만 오갔다. 침묵을 깬 사람은 베드로였다. 벌떡 일어서며 말했다.

"여기서 이러고 있어 봤자 무슨 소용이야! 나는 물고기나 잡으러 가야겠다."

문을 박차고 나가는 베드로를 다른 제자들도 따라나섰다. 모두 물고기를 잡으러 갔다. 그렇게 제자들은 예전의 삶으로 되돌아갔다. 예수의 길이 아닌, 자기 길을 가기로 결심했다. 익숙한 자기 삶으로 돌아갔다. 부활한 예수를 두 번이나 만났지만, 결국 따르지 않았다. 그렇게 제자들은 물고기 잡으러 갈릴리로 향했다.

제자들은 밤새 물고기를 잡았다. 그런데 한 마리도 잡히지 않았다. 너무 이상했다. 아무리 3년 만에 하는 일이라지만, 이럴 리가 없었다. 예수의 부름을 외면하고 나선 길이기에 빈손으로 돌아가는 건 용납할 수 없었다. 나의 선택이 틀리지 않았음을 증명해야만 했다. 필사적으로 그물을 던졌다. 구석구석까지 그물을 내리고, 올리기를 반복했다. 결국, 밤새 한 마리도 잡지 못했다. 지친 몸과 허탈한 마음을 가눌 길이 없었다. 배에 털썩 주저앉아 가쁜 숨을 몰아쉬었다.

예수행복학 개론

새벽 미명에 예수가 갈릴리호숫가에 서 있었다. 제자들은 예수를 알아보지 못했다. 예수가 제자들에게 큰소리로 물었다.

"무엇을 좀 잡았는가?"

"아무것도 못 잡았습니다."

"배 오른편에 그물을 던져라. 그러면 고기가 잡힐 것이다."

모르는 이의 큰소리도 큰소리였지만, 얼토당토않은 말에 황당했다. 베드로는 속이 부글거렸다. 3년의 공백이 있지만, 평생을 갈릴리 어부로 지낸 자신에게 조언하는 남자가 못마땅했다. 더군다나 배 오른편에 그물을 던지라는 말에 화가 났다. 오른편은 조금 전까지 그물을 내렸던 곳이었다. 방금 잡지 못한 곳에 다시 그물을 내리라니, 당장이라도 가서 혼쭐을 내고 싶었다. 자신의 마음은 안중에도 없는지, 배알도 없는 동료들이 배 오른편에 그물을 던졌다. 기가 찼지만, 말릴 힘도 없었다. 그저 가만히 지켜보았다.

잠시 후, 동료들이 베드로를 급히 불렀다. 도저히 그물을 올릴 수 없으니 도와달라고 했다. 화들짝 놀란 베드로가 급히 그물을 잡았다. 묵직했다. 지금까지 갈릴리에서 수없이 그물을 올렸지만, 이렇게까지 무거운 적은 딱 한 번뿐이었다. 3년 전에 "깊은 데로 가서 그물을 던지라"는 예수의 말이 떠올랐다. 낑낑대며 겨우 그물을 배 위에 올렸다. 눈앞에서 벌어진 일에 놀란 베드로는 호숫가에 서 있던 남자를 바라보았다. 이때 요한이 다가와 베드로의 귀에 속삭였다.

"주님이셔."

요한의 말이 떨어지기 무섭게 베드로가 물로 뛰어들었다. 예수를 빨리 만나고 싶은 마음에 헤엄치기 시작했다. 예수는 숯에 물고기와 떡을 굽고 있었다. 제자들을 위한 아침상을 준비했다. 제자들에게 잡은 물고기를 조금 가져오라고 했다. 예수에겐 이미 물고기가 있었다. 더 필요하면 능력으로 쉽게 구할 수 있었다. 일전에 떡 다섯 개와 물고기 두 마리로 남자만 오천 명을 먹인 예수였다.

그럼에도 예수는 물고기를 가져오라고 했다. 제자들의 것을 받아주겠다는 의미였다. 모든 것을 다 가졌지만, 굳이 제자들의 것을 받아주었다. 예수는 모든 것을 다 할 수 있었다. 제자들이 필요 없었다. 그럼에도 제자들을 불렀다. 제자들에게 함께 가자고 했다. 예수가 이룰 하나님의 나라를 가장 가까이에서 함께 하자고 불렀다. 예수를 통해 살아날 수많은 사람을 같이 보자고 불렀다. 제자들의 힘은 필요 없지만, 그들이 필요했다. 예수는 사랑하는 제자들과 함께하기 원했다. 이는 예수의 프러포즈였다. 함께 가자는 프러포즈였다. 일 시키려 부른 것이 아니었다. 함께 걷자며, 함께 행복하자는 프러포즈였다.

침묵 속에 식사가 이어졌다. 제자 중 누구도 선뜻 입을 열 수 없었다. 죄짓다가 걸린 사람마냥 서로 눈치를 봤다. 예수에게 들켜 버린 것 같았다. 사명이 아닌, 이전의 삶으로 돌아가려 한 모습을 보여주고 말았다. 민망함과 부끄러움에 눈치만 보며 조용히 먹고만 있었다. 베드로는 물고기가 입으로 들어가는지 코로 들어가는지 몰랐다. 제자들을 데리고 물고기를 잡으러 간 장본인이었기 때문이다. 베드로는 예수의 눈도 못 마주쳤다. 식사를 마치자, 예수는 베드로를 바라보며 말했다.

"요한의 아들 시몬아, 네가 이것들보다 나를 더 사랑하느냐?"

예수는 무언가를 가리키며 물었다. 제자들이 방금 잡은 물고기를 손으로 가리키며, 이것들보다 나를 더 사랑하느냐 물었다. 그러니까 지금 예수는 베드로에게 "이 물고기들보다 나를 더 사랑하느냐?" 물은 것이다. 정곡을 찌르는 질문에 베드로의 말문이 막혔다. 예수는 알고 있었다. 베드로가 왜 예수를 따를 결심을 했는지 말이다. 3년 전에 그물이 찢어질 만큼 잡힌 물고기가 베드로를 움직였음을 알았다. 그때와 똑같은 상황에서 베드로에게 질문한 것이다. 물고기들보다 나를 더 사랑하느냐 물었다. 물고기와 예수 사이에서 갈등하던 베드로를 스스로 직면하게 했다.

베드로는 선뜻 대답하지 못했다. 예수를 사랑한다고 감히 말할 수 없었다. 이전에는 누구보다 예수를 사랑한다고 했다. 예수를 위해 목숨을 버리겠다고 했지만, 이제는 차마 그럴 수 없었다. 예수를 세 번이나 부인했기 때문이다. 예수 앞에서 예수를 모른다고 맹세하고, 저주했다. 예수를 사랑한다고 감히 말할 수 없는 처지인 줄 알았다. 그럼에도 베드로는 예수를 사랑했다. 연약하여 넘어지고, 배신까지 했지만, 그럼에도 여전히 예수를 사랑했다. 마음 깊은 곳에서 예수를 향한 사랑을 부정할 수 없었다. 감히 사랑한다고 말할 수 없음을 알지만, 용기를 냈다. 눈도 마주치지 못한 채 대답했다.

"주님, 그렇습니다. 제가 주님을 사랑하는 줄 주님께서 아십니다."

베드로는 예수에게 사랑을 고백했다. 자격이 없는 걸 알지만, 그럼에도 내가 예수를 사랑하는 줄 아시지 않느냐고 대답했다. 예수가 다시 질문했다.

"요한의 아들 시몬아, 네가 나를 사랑하느냐?"

예수의 똑같은 질문에 베드로의 마음이 타 들어갔다. 베드로가 아무리 예수를 사랑한다고 고백한들 누구도 믿어주지 않을 것이다. 그럼에도 예수를 사랑하는 마음을 부정할 수 없었다. 결코 거짓이 아니었다. 누가 뭐라고 해도, 믿어주지 않는다 할지라도 예수를 분명 사랑했다. 눈을 질끈 감고 용기를 내어 다시 대답했다.

"주님, 그렇습니다. 제가 주님을 사랑하는 줄 주님께서 아십니다."

베드로의 애끓는 마음도 모르는지 예수가 다시 질문했다.

"요한의 아들 시몬아, 네가 나를 사랑하느냐?"

베드로의 마음이 덜컥 내려앉았다. 예수가 알아주지 않는다면,

세상 그 누구도 그의 마음을 알아줄 이가 없었다. 마음을 꺼내 보일 수도 없는 노릇이었다. 깊은 후회가 밀려왔다. 자신의 그릇된 행동이 사무치게 후회되었다. 베드로가 근심하며 대답했다.

"주님, 모든 것을 아십니다. 제가 자격이 없지만, 그럼에도 불구하고 주님을 사랑하는 줄 아십니다."

베드로는 조심스레 고개를 들었다. 예수의 눈을 바라보았다. 순간, 베드로의 마음이 녹았다. 사랑을 보았기 때문이다. 베드로를 바라보는 예수의 눈에 사랑이 있었다. 책망도 원망도 아닌, 사랑의 눈이었다. 예수를 따르기 시작할 때 보았던 바로 그 눈이었다. 예수를 세 번 부인할 때 보았던 그 눈이었다. 예수는 여전히 한결같은 눈으로 자신을 바라보고 있었다. 순간 베드로는 알았다. 자신이 용서받았음을, 자신의 진심이 받아들여졌음을 알았다. 예수가 여전히 자신을 사랑함을 깨달았다.

예수는 베드로를 다시 일으키길 원했다. 굳이 자신을 사랑하느냐고 세 번 물어보았다. 책망이 아니었다. 베드로가 비록 예수를 세 번 부인했지만, 그럼에도 예수를 사랑하고 있음을 스스로 깨닫게 했다. 부족하고 연약해도 자신을 사랑하는 것을 알기에, 괜찮다고 한 것이었다. 세 번 부인한 베드로에게 사랑을 고백할 기회를 세 번 주었다. 세 번의 사랑 고백은 세 번의 부인을 지워냈다. 자책하는 마음을 위로했다. 죄책에서 떠나게 했다. 베드로를 지긋이 바라보던 예수가 말했다.

"나를 따르라."

예수는 베드로에게 함께 가자고 했다. 예수의 길로 다시 불렀다. 수없이 넘어졌고, 앞으로 또 넘어질지 모르지만, 괜찮다며 불렀다. 연약해도 끝까지 놓지 않을 테니 같이 가자며 불렀다. 혼자 가는 길이 아니었다. 예수가 늘 함께하는 길이었다. 예수가 가는 길이기에 거칠 것이 없었다. 그 길을 무너뜨릴 이도 없었다. 영원하고 가장 완전한 길이다. 베드로가 특별히 할 일은 없을 것이다. 예수의 곁에서 예수가 하는 일을 지켜보고, 예수가 기뻐할 때 함께 기뻐하는 것이 전부일 것이다.

베드로는 예수의 프러포즈에 응했다. 예수를 따르는 삶을 다시 시작했다. 그런데 이전과 확연히 달랐다. 더 이상 물고기가 목적이 아니었다. 예수가 목적이었다. 사랑하는 예수가 유일한 목적이 되었다. 끝까지 나를 포기하지 않고 사랑한 예수를 사랑하고자 다시 예수의 길을 나섰다. 처음 예수를 따랐던 그 자리에서 다시 예수를 따랐다. 첫 번째 부르심도 세 번째 만남에서 이루어졌듯이, 두 번째 부르심도 세 번째 만남에서 이루어졌다.

밤새 물고기를 잡지 못해 절망했던 베드로를 찾아왔던 예수는 그때처럼 또다시 찾아왔다. 그때처럼 많은 물고기를 잡게 도왔다. 그런데 한 가지가 달랐다. 처음에는 그물이 찢어졌는데, 이번에는 찢어지지 않았다. 그때처럼 그물을 들지 못할 정도의 양이었는데, 이번에는 그물이 멀쩡했다. 물고기를 사랑하여 예수를 따랐던 베드로의 믿음은 결국 찢어졌다. 끊임없이 예수에게 요구하고, 줄다리기한 믿음은 결국 깨지고 말았다. 주의 길을 포기하기에 이르렀다. 그러나 예수를 사랑하여 따를 베드로의 믿음은 찢어지지 않을 것이다. 예수가 너무 좋아 그 어떤 것도 바라지 않는다. 이미 나에게 모든 것을 주신 사랑이 확실하니 요구할 것도 없다. 내 쓸 것 다 아시는 주님께 다 내어 맡기고, 주님만 사랑한다. 찢어지지 않고, 사랑하는 예수를 위해 끝까지 예수의 길을 걸어갈 것이다.

제자들은 기억하지 못했지만, 예수는 먼저 갈릴리에 가서 기다리겠다고 했다. 십자가 지기 전에도 말했고, 부활 뒤에도 마리아를 통해 말했다. 제자들이 갈릴리로 갔지만, 예수의 말 때문이 아니었다.

예수를 만나러 갈릴리로 가지 않았다. 피하려고 갈릴리로 왔다. 예수는 제자들이 선뜻 자신을 따르지 않을 것을 알았다. 죄책감과 자괴감으로 예수의 길이 아닌, 예전의 삶으로 돌아갈 것도 알았다. 그래서 예수가 갈릴리에 가서 먼저 기다리겠다고 한 것이다. 제자들이 넘어질 그 자리에 먼저 가서 기다렸다. 다시 손잡아 일으켜 세워주었다. 예수는 다 알고 있었다. 제자들이 쓰러진 그 자리에서 다시 시작했다. 다시 일으켰다. 그렇게 다시 예수의 길을 가게 했다.

바뀐 기도, 바뀐 삶

부활한 예수는 40일 동안 이 땅에 머물렀다. 제자들에게 성경을 가르쳤다. 성경에 기록된 예언이 예수를 향한 것임을 알려주었다. 선지자들이 선포하고 기다렸던 메시아가 바로 자신이었음을 풀어주었다. 모세가 기록한 글과 선지자의 글과 시편에 예수를 가리킨 모든 것을 가르쳐주었다. 그제야 제자들은 모든 것을 이해할 수 있었다. 예수가 했던 모든 말과 행동들이 예언의 성취였음을 깨달았다. 모든 민족의 죄를 구원하기 위한 하나님의 뜻이 예수를 통해 이루어졌음을 알았다. 예수는 다윗이 장차 올 예수를 바라보며 부른 노래를 설명했다.

"다윗은 누구보다 하나님의 은혜를 입은 자로서, 죽기 전에 '나는 성령으로 노래하는 자'라고 말했다. 성령의 감동으로 많은 노래를 지었고, 그중에 나에 대한 예언을 많이 했지. 다윗이 이런 노래를 부른 적이 있었다. '내 영혼을 음부에 버리지 아니하시며 주의 거룩한 자로 썩음을 당하지 않게 하실 것임이로다.' 다윗은 자신이 죽어도 썩지 않을 것이라고 노래했다. 너희들도 알겠지만, 다윗은 죽었어. 그의 시신이 썩어서 저 무덤에 있지. 다윗은 나의 부활을 미리 보고 노래한 것이었어. 내가 십자가에서 죽고, 부활할 것을 미리 내다보고 기뻐하며 노래한 것이다."

제자들의 마음에 전율이 일었다. 다윗의 노래에 그토록 심오한 의미가 있는 줄 몰랐다. 다윗이 장차 올 예수를 알았다는 것도 놀라운데, 예수의 죽음과 부활까지 미리 내다보았다니 머리부터 발끝까지 찌릿한 전율이 일었다. 예수와 함께한 성경공부는 제자들에게 꿈 같은 시간이었다. 매시간 성경을 보는 눈의 깊이와 넓이가 끝없이 확장되었다. 예수의 말씀이 어찌나 달콤한지 몰랐다. 은혜에 배가 불러 끼니도 잊은 채 열심히 공부했다. 성경이 예수로 풀어진다는 것을 마침내 깨달았다.

제자들은 성경을 통해 하나님의 구원 사역을 정립했다. 죄를 지어 타락한 인간을 구원하려 하나님이 하나뿐인 아들 예수를 구원자로 약속했다. 선지자들이 장차 구원자로 오실 예수를 예언하고 기다렸다. 마침내 이 땅에 온 예수는 십자가에서 죽고, 부활함으로 사람의 죄 문제를 해결했다. 승천하여 하나님의 보좌 우편에 앉을 예수는 반드시 재림하여 구원의 역사를 완성할 것임을 깨달았다.

성경은 처음부터 예수를 전했지만, 제자들은 예수를 보지 못했다. 성경이 전하는 예수를 통해 이뤄질 하나님 나라엔 관심이 없었다. 내 문제를 해결해 줄 것처럼 보이는 말씀만 눈에 들어왔다. 나를 위로하고 힘이 되는 말씀만 보였다. 성경 전체의 흐름이 아닌, 파편적으로만 보았다. 그러니 하나님의 뜻에는 관심이 없었다. 나의 이익과 유익에만 관심을 가졌다. 그러니 성경도 자기중심적으로 볼 수밖에 없었다. 그래서 예수가 바로 승천하지 않고 40일간 제자들에게 성경을 가르친 것이다. 덕분에 제자들은 성경을 바로 보게 되었다. 이제 예수는 하늘로 올라갈 때가 된 줄 알았다. 제자들에게 마지막으로 당부했다.

"예루살렘을 떠나지 말고, 내가 약속했던 성령을 기다려라. 며칠 만에 너희는 성령으로 세례를 받을 것이다. 오직 성령이 너희에게 임하시면 너희가 권능을 받고 예루살렘과 온 유대와 사마리아와 땅끝까지 이르러 내 증인이 되리라."

말을 마치자 예수는 제자들이 보는 앞에서 하늘로 올라갔다. 제자들은 그 모습을 한참 바라봤다. 신기해서가 아니었다. 예수가 하나님의 아들이심을 믿기에 하늘로 올라가는 것은 전혀 놀랍지 않았다. 그저 사랑하는 예수를 이 땅에서 더는 보지 못한다는 생각에 한참을 바라봤다.

예수가 시야에서 사라지자, 제자들은 즉시로 성령을 구하러 갔다. 예수의 약속을 믿고 기도하며 성령을 기다렸다. 예수와 같은 또 다른 보혜사인 성령을 기다렸다. 예수가 보고 싶었다. 만나고 싶었다. 그게 전부였다. 예수의 영인 성령을 통해 다시 예수를 만나고 싶었다. 며칠 밤낮을 전심으로 성령을 기도하며 기다렸다.

기도한 지 십 일째 되는 날, 그날은 오순절이었다. 다들 지칠 법도 했지만, 약속한 예수를 믿고 간절히 기도했다. 갑자기 하늘에서 강한 바람 소리가 들렸다. 불의 혀처럼 갈라지는 것들이 기도하는 자들의 머리 위에 임했다. 예수가 약속한 성령이 임한 것이다. 기도하던 제자들은 마음이 뜨거워졌다. 하나님의 강력한 임재에 압도당했다. 갑자기 다른 나라의 언어로 기도하기 시작했다. 기도를 멈출 수 없었다. 오히려 더 크고 강력해졌다. 그 소리가 어찌나 큰지 사람들이 몰려오기 시작했다.

당시 오순절 절기를 지키려고 많은 유대인이 예루살렘에 몰렸다. 특별히 외국에서 온 디아스포라 유대인들이 있었다. 그들은 제자들의 기도 소리에 깜짝 놀랐다. 자신들이 사는 외국의 언어로 제자들이 기도하고 있었기 때문이다. 외국에서 함께 지내는 유대인들은 서로를 알고 있었다. 그런데 전혀 보지도 못한 유대인들이 유창하게 외국어로 기도하니 놀랄 수밖에 없었다. 더 놀라운 것은 각자가 모두 다른 나라의 언어로 기도하고 있던 것이다. 지켜보던 디아스포라 유대인들은 놀라움을 금치 못했다. 도대체 무슨 소리인가 귀 기울였다.

제자들은 각기 다른 언어로 기도했지만, 내용은 똑같았다. 모두 '하나님의 큰일'에 관해 기도했다. 인류를 구원하기 위한 하나님의 뜻을 기도로 선포했다. 복음을 기도로 고백했다. 그 모습을 지켜보던 사람들이 수군거리기 시작했다. 놀라는 사람도 있었지만, 술 취한 것으로 오해하는 사람들도 있었다. 많은 유대인이 모이기 시작했고, 순식간에 사람들로 가득했다. 베드로가 사도들 가운데 서서 사람들에게 복음을 전했다.

"여러분, 우리는 술 취한 것이 아닙니다. 요엘 선지자가 하나님의 영이 모든 사람에게 임한다고 했던 예언이 오늘 성취된 것입니다. 하나님께서 나사렛 예수로 큰 권능과 기적을 나타내셨습니다. 하나님이 정하신 대로 예수님은 십자가에서 죽고 삼일 만에 부활하셨습니다. 다윗은 오실 그리스도인 예수님을 미리 보고 노래했습니다. 주의 거룩한 자로 썩음을 당하지 않게 하시리라고 노래했는데, 그의 무덤이 오늘까지 우리 중에 있습니다. 다윗은 예수님의 죽음과 부활과 승천을 미리 보고 하나님을 찬양했습니다. 여러분이 십자가에 죽인 예수님이 바로 우리가 그토록 오랫동안 기다린 그리스도였습니다.”

베드로의 말에 사람들의 마음이 요동쳤다. 마음에 큰 찔림으로 안절부절못했다. 사도들을 붙들고 간곡히 물었다.

“형제들아, 그러면 우리가 어찌해야 구원을 받을 수 있단 말인가?”

“여러분의 죄를 회개하고, 예수 그리스도의 이름으로 세례를 받으십시오. 그러면 죄 사함을 받고, 성령께서 여러분의 마음에 임할 것입니다.”

사람들이 가슴을 치며 회개하기 시작했다. 예수를 못 알아본 죄를, 못 박아 죽인 큰 죄를 용서해 달라고 울며불며 통곡했다. 회개는 한참 동안 그칠 줄 몰랐다. 그날에 회개하고 세례를 받은 사람이 삼천 명에 이르렀다. 오순절 성령의 강림으로 마침내 교회가 태동하였다.

성령의 충만이 임한 때로부터 제자들의 기도가 바뀌었다. 오랫동안 '나의 뜻'을 위해 기도하던 이들이 '하나님의 뜻'을 기도하기 시작했다. 기도의 목적이 바뀌었다. 나의 소원 성취나 문제 해결만을 위해 기도하던 모습은 온데간데없이 사라졌다. 하나님의 뜻이 이루어짐이 나의 소원이 되었다. 하나님의 소원을 나의 소원으로 삼았다.

기도가 바뀌니 제자들의 삶이 변했다. 하나님의 뜻을 구했더니 기도 응답이 빨랐다. 나의 기도를 듣고 역사하는 하나님을 자주 경험하였다. 제자들은 너무 신이 났다. 나의 기도를 응답하는 하나님을 자주 보니 그렇게 좋을 수 없었다. 나의 뜻만을 구하던 때에도 하나님의 일하심을 경험하곤 했다. 감당할 수 없는 고난이 지나가고, 소원이 이루어지는 일들도 있었다. 그때마다 나의 기도가 응답되는 것도 좋았지만, 하나님의 살아 계심을 보는 것이 더 좋았다. 내 삶에서 멀리 계신 것 같았는데, 정말 내 기도를 듣고 역사하시는 하나님을 만나는 것이 훨씬 좋았다.

그제야 제자들은 알았다. 왜 예수가 주의 나라와 의를 먼저 구하라고 한지 깨달았다. 그게 더 행복하기 때문이었다. 축복을 받으려고 주의 나라를 먼저 구하는 것이 아니었다. 주의 뜻을 구하면 내 소원도 들어주시겠지 하고 기대하는 수준도 아니었다. 주의 나라와 의를 구할 때, 내 삶에서 일하시는 하나님을 자주 만나기 때문이었다. 가장 가까이에서 보기 때문이었다. 하나님과의 동행이 삶 속에서 실현되니 기쁠 수밖에 없었다. 그렇게 제자들의 기도가 바뀌었다. 삶도 바뀌었다.

평생을 지나치던 장애인

예루살렘 성전 동쪽에는 문이 하나 있었다. 그 문은 아름답다고 하여 미문이라 불렸다. 성전으로 들어가는 아름다운 문에 어울리지 않는 한 사람이 있었다. 평생 걷지 못한 채 앉아서 구걸을 하는 장애인이었다. 누구도 거들떠보지 않는 사람이었다. 그는 매일 뜨거운 뙤약볕 아래에 앉아 성전에 들어가는 사람을 부럽게 쳐다보았다. 자신도 성전에 들어가고 싶었지만, 장애인은 성전에 들어가지 못한다는 이야기에 엄두도 내지 못했다. 그저 성전에 올라가는 사람들에게 구걸하며 살아갔다.

성전 미문의 장애인은 평소처럼 지나가는 사람들에게 구걸을 하고 있었다. 모두가 장애인을 그냥 지나쳤다. 그런데 가던 길을 멈추고 장애인을 주목해 보는 사람들이 있었다. 바로 베드로와 요한이었다. 기도하려고 성전에 올라가다가 구걸하는 장애인 앞에 멈춰 선 것이었다. 베드로와 요한이 늘 보던 장애인이었다. 늘 지나치던 장애인이었다. 그런데 그날만큼은 베드로와 요한이 그냥 지나치지 않았다. 장애인을 주목하여 보았다. 베드로가 말했다.

"은과 금은 내게 없지만, 내게 있는 것을 네게 주노니,

나사렛 예수의 이름으로 일어나 걸으라!"

베드로가 장애인의 오른손을 잡아 일으켰다. 순간, 장애인의 발에 힘이 들어갔다. 두 발로 일어섰다. 천천히 걷기 시작했다. 걸을 수 있게 되자, 그는 지체하지 않고 어디론가 향했다. 자신의 장애와 사람들의 시선으로 들어갈 수 없었던 성전에 들어갔다. 성전에 발을 딛자마자 하나님을 찬양했다. 나를 구원하신 하나님을 기뻐 찬양했다. 평생 하나님께 버림받은 인생이라고 여겼는데, 하나님이 나를 버리지 않으셨다니, 기쁨을 이기지 못하고 방방 뛰었다. 베드로와 요한도 흐뭇한 미소를 지으며 그를 바라보았다.

그날 베드로와 요한은 장애인을 그냥 지나치지 않았다. 평생을 지나치던 장애인이었다. 성전에 기도하러 올라가면서 늘 보던 사람이었다. 한 번도 말을 걸지도, 관심조차 주지 않았다. 그런데 유독 그날만큼은 지나칠 수 없었다. 이유는 간단했다. 성령으로 충만했기 때문이다. 마음이 성령으로 가득 찼기 때문이다. 베드로의 눈과 마음이 하나님의 눈과 마음이 된 것이었다.

성령 충만의 가장 확실한 증거는 긍휼이었다. 불쌍히 여기는 마

음이다. 성령으로 충만한 베드로는 하나님의 눈으로 사람을 바라보고, 하나님의 마음으로 사람을 대하기 시작했다. 세상의 기준이 아닌, 하나님의 기준으로 바라보기 시작했다. 사람들이 주목하는 높은 자들에게 주목하지 않았다. 하나님이 주목하는 낮은 자들을 주목했다. 세상 사람들은 다 외면할지라도 하나님은 외면하지 않으니, 베드로도 외면하지 않았다.

베드로만 그런 것이 아니었다. 성령에 충만한 교회의 사도들과 성도들의 마음이 긍휼로 가득 찼다. 가난한 이들을 지나치지 못했다. 자신의 것을 다 팔아서 나눠주었다. 덕분에 교회에는 부자도 가난한 사람도 없었다. 모두가 함께 쓰고 나눴다. 병으로 고통당하는 이들을 돌봐주었다. 장애를 가진 이들을 품어주었다. 남편을 잃은 과부들을 외면하지 않았다.

교회는 사도들 이후 처음으로 또 다른 리더십을 세웠다. 성령과 지혜가 충만하여 교회에서 칭찬을 듣는 사람 일곱 명을 구별하여 택했다. 가장 중요한 리더십을 집사로 세웠다. 그들의 역할은 가난한 과부를 돌보는 일이었다. 그것이 교회에 가장 중요한 일이었다. 모두의 마음이 긍휼로 충만했기에 가능한 일이었다. 그렇게 교회는 가장 낮은 곳을 향해 나아갔다. 예수가 갔던 그 길을 따라갔다.

예수행복학 개론

내가 사랑할 예수를 찾아

오랜 세월이 지났다. 많은 이가 예수를 따르는 삶을 살다 죽었다. 예수를 믿는다는 이유로 순교를 당하는 일도 부지기수였다. 사도들 대부분도 하나님 품으로 갔다. 수많은 핍박에도 불구하고, 교회는 지속되었다. 오히려 점점 흥왕했다. 몰려오는 사람들이 끊이지 않았다. 신자들의 모습에 감동을 받았기 때문이다. 자신이 가진 것들을 거침 없이 나누고, 어려운 이웃들을 위해 삶을 내던지는 모습이 특별해 보였다. 도대체 무엇이 저들을 변화시킨 것인지 감동을 받은 이들로 교회는 북적거렸다.

한 청년이 길바닥에 주저앉아 있었다. 멍한 눈으로 하늘을 바라보고 있었다. 그는 성공한 사람이었다. 젊을 때부터 열심히 일을 했다. 쉬는 날 없이 성실히 일하여 자기의 사업을 일구었다. 사업은 순식간에 번창했다. 청년은 모든 사람의 부러움을 한 몸에 받았다. 모두가 그를 칭찬하고 동경했다. 모든 사람이 청년처럼 되고 싶었다. 그런데 정작 청년은 행복하지 않았다. 다른 사람들 앞에서는 당당하고, 만면에 미소를 띠었다. 하지만 혼자 있을 때마다 공허함이 밀려왔다. 가슴을 후벼 파는 외로움을 어찌할 도리가 없었다. 어릴 때부터 부모가 시키는 대로 다 했다. 세상이 말하는 성공을 위해 삶을 바쳤다. 높은 데로 가면 행복할 거라 했는데, 행복하지가 않았다. 행복해지려고 인생을 바쳤는데, 행복하지 않았다. 망연자실한 청년은 길바닥에 주저앉았다. 다시 일어설 힘도 용기도 없었다. 고개를 숙인채, 깊은 한숨만 내쉬었다.

인기척 소리가 났다. 누구일까 보니 한 노인이 앞에 서 있었다. 노인의 인자한 눈빛을 보고 있자니, 왠지 마음이 스르르 녹았다. 어느새 노인이 자연스레 옆에 앉았다. 청년에게 이것저것 물어보기 시작했다. 청년의 이름이 무엇인지, 어떤 삶을 살아왔는지 묻고 또 물었다. 처음 만났음에도 불구하고, 청년은 자신의 이야기를 다 털어놓았다. 말을 하면서도 스스로 이상하다고 생각했다. 무언가 무장해제가 된 기분이었다. 노인이 물어보는 것들만이 아니라, 누구에게도 이야기하지 못한 외롭던 자신의 이야기를 다 털어놓았다.

청년의 이야기를 한참 듣던 노인이 입을 열었다. 지나온 자신의 인생을 들려주었다. 혈기가 왕성하던 청년일 때, 예수를 만난 이야기를 들려주었다. 자기 배를 가지고 물고기를 잡으며 먹고살 만했다. 결혼도 하고 자기 집이 있었다. 무엇 하나 부족한 것이 없었지만, 늘

예수행복학 개론

공허했다. 예수를 만나고 나서 행복을 찾았다. 결국 행복은 물고기가 아닌, 예수에게 있음을 깨달았다. 청년은 노인의 이야기에 귀 기울였다. 자기처럼 공허한 때를 겪고, 참된 행복을 찾았다는 말에 가슴이 쿵쾅거렸다. 예수가 누구기에 저 노인의 삶을 변화시켰는지 궁금했다. 청년의 호기심 어린 눈을 본 노인은 예수를 전하기 시작했다.

"태초에 하나님은 사람을 지으셨네. 그의 이름은 아담이었지. 첫 사람에겐 죄가 없었어. 그런데 사람이 죄를 짓고 말았지. 하나님이 먹지 말라고 한 선악과를 따 먹었기 때문이야. 선악과를 먹으면 하나님이 된다는 뱀의 유혹에 넘어가고 말았네. 사람은 더 이상 하나님이 필요 없다며, 내가 하나님이 되겠노라며 선악과를 따 먹은 거네. 결국, 사람은 죄인이 되었지. 아담 한 사람의 죄로 인해 모든 사람이 죄인이 된 거야. 태어나면서부터 본성적으로 죄인이 되는 거지. 첫 사람이 지은 죄의 문제를 해결해야만 했네. 죄의 물줄기를 끊어야만 했지. 첫 사람이 지은 죄를 대신 가져가서 죽을 의인이 필요했네. 죄가 하나도 없는 사람이 필요했어. 아담의 죄에 대한 형벌을 대신 당할 죄 없는 자가 필요했지. 그런데 죄가 없는 의인은 단 한 사람도 없었네. 그래서 죄가 없는 하나님의 아들이신 예수님이 사람이 되어 이 땅에 오신 게야. 아담이 지은 죄의 형벌을 담당하시려 십자가에서 대신 죽으셨지. 마침내 첫 사람이 지은 죄의 문제가 해결되었어. 죄의 대가를 치렀기에 죄의 문제가 해결된 게야. 십자가에서 죽은 예수님은 삼일 만에 부활하셨네. 죽음을 이기셨다네! 한 사람 아담으로 인해 모두에게 죽음이 들어온 것처럼, 한 분 예수님으로 인해 모두에게 부활이 들어왔지. 누구든지 예수님을 믿기만 하면 부활하여 천국에서 영원히 예수님과 함께 살게 되었다네."

노인의 말을 듣는 내내 청년의 가슴이 뜨거워졌다. 명치끝에서부터 무언가 올라오는 듯했다. 당장이라도 눈물이 터질 것 같았다. 울먹거리는 청년을 바라보며 노인은 예수를 믿으라고 했다. 세상에서 청년을 가장 사랑하는 예수를 믿으면 좋겠다고 했다. 청년은 예수를 믿기로 했다. 아니, 믿고 싶어졌다. 내가 믿겠다고 하니, 노인은 함박웃음을 지으며 청년을 안아주었다. 그렇게 청년은 예수를 믿었다.

청년은 교회를 나오기 시작했다. 예배를 드릴 때마다 감격으로 충만했다. 누군가가 자신을 꼭 끌어안는 것 같았다. 감싸는 따뜻함이 참 좋았다. 예수가 나를 위해 십자가에서 대신 죽으셨다는 것이 믿어졌다. 나를 위해 목숨을 버린 예수가 너무 고마웠다. 자기 생명보다 나를 더 사랑한 예수를 나도 사랑하고 싶었다.

여느 때처럼 예배를 드릴 때였다. 설교 시간에 낯익은 얼굴이 강대상에 섰다. 청년은 깜짝 놀랐다. 바로 자신에게 복음을 전했던 노인이었다. 그냥 교회를 다니는 노인이라고만 여겼는데, 앞에서 설교를 하다니 무슨 일인가 싶었다. 노인이 말씀을 전하기 시작했다.

"십자가 지기 전에 예수님은 우리에게 한 가지를 당부하셨습니다. 지극히 작은 자 하나에게 한 것이 곧 내게 한 것이라고 말씀했습니다. 우리는 이 말씀이 작은 자를 위한 것이라고 여겼습니다. 예수님께서 십자가를 지고, 부활하고 승천하시니, 남은 우리에게 작은 자를 맡기신 것으로만 알았습니다. 예수님을 대하듯 작은 자를 대하라고 주신 말씀으로 여겼습니다. 그래서 낮은 데에서 작은 자들을 섬겼습니다. 오랫동안 작은 자들과 더불어 살며 깨달은 게 하나 있습니다. 지극히 작은 자 하나에게 한 것이 곧 내게 한 것이라는 말씀은 바로 우리를 위한 것이었습니다. 이제 곧 승천하실 예

수님을 그리워할 우리에게 당신을 만나는 방법을 알려
주셨습니다. 주의 길을 걷다 곤고한 날에 예수님이 너
무 보고 싶을 때, 당신을 찾는 길을 알려주셨습니다."

노인의 설교를 듣던 청년은 당황했다. 일전에 교회 사람들에게
들은 말이 떠올랐다. 예수에게 12명의 제자가 있었는데 대부분 순교
하여 천국에 갔다는 이야기였다. 그런데 지금 노인이 너무도 담담히
예수와의 일을 회상하고 있다. 말투에 담긴 친밀함이 결코 예사롭지
않았다. 청년은 확신했다. 노인이 아직 생존하고 있는 예수의 제자
중 한 사람임이 틀림없다고 여겼다. 노인은 계속하여 설교했다.

"우리는 예수님이 이렇게 말한 줄 알았습니다. '내가
보고 싶으면, 저 하늘이 아니라, 낮은 데를 보면 돼. 내
가 보고 싶으면 지극히 작은 자들을 찾아가면 돼. 그러
면 작은 자들 사이에서 작은 자의 모습으로 함께 있는
나를 만날 수 있을 거야.' 승천한 예수님은 여전히 우리
곁에 계십니다. 누구라도 오라고 가장 낮은 데에서 기
다리십니다. 그래서 우리는 늘 낮은 데로 갔습니다. 그
곳에서 예수님을 참 많이도 만났습니다. 얼마나 즐거
웠는지 모릅니다. 낮은 데서 작은 자들과 함께함으로

우리는 예수님과 동행했습니다."

그제야 청년은 알았다. 왜 신자들이 소외된 이웃을 돌보는 줄을 말이다. 사람들로부터 칭송을 받는 줄 알았다. 그들은 가난한 자들을 예수라 믿고 도운 것이었다. 예수로 여기고 섬긴 것이었다. 모두가 하대하는 작은 자들을 공손히 대했다. 선대하고 존중했다. 불쌍해서 섬긴 것이 아니었다. 예수라서 섬긴 것이었다. 아까부터 놀란 토끼 눈을 하고 있던 청년은 노인과 눈이 마주쳤다. 노인은 청년에게 꼭 해 주고 싶은 말로 설교를 마무리했다.

"사랑하는 형제, 자매여, 행복은 높은 데에 있지 않습니다. 세상의 말에 속지 마십시오. 높이 올라가면 행복하다고, 성공하면 행복하다고 했는데, 결국 공허와 외로움만 남습니다. 예수님은 단 한 번도 성공하라고 하신 적이 없음을 기억하십시오. 예수님은 높은 데가 아닌, 낮은 데로 가셨습니다. 행복은 높은 데가 아닌, 낮은 데에 있습니다. 그곳에 예수님이 계시기 때문입니다. 나를 사랑하여 십자가에서 대신 죽으신 예수님이 기다리십니다. 사랑하는 예수님과 동행하는 것이 참된 행복입니다. 예수님이 계신 낮은 데로 갑시다. 예수님이신 작은 자를 만납시다. 예수님과 행복하게 살아갑시다."

청년은 눈물을 흘렸다. 오랜 세월 그토록 찾았던 행복을 마침내 찾았다. 그날 이후 청년의 삶이 바뀌었다. 일상 속에서 틈나는 대로 낮은 데를 찾아갔다. 작은 자들을 섬겼다. 가난한 이에게 음식을 나누고, 물을 마시게 했다. 헐벗은 이에게 옷을 입혔고, 오갈 데 없는 이를 돌봐주었다. 아픈 자들을 간호하고, 죄로 무너진 인생들을 찾아갔다. 작은 자들의 손을 잡아주었다. 그럴 때마다 자신을 흐뭇하게 여기시는 하나님의 마음이 느껴졌다. 사랑스러운 눈으로 자신을 바라보시는 하나님의 눈길이 느껴졌다. 그 시선이 너무 강렬하여 부끄러움에 고개를 들지 못할 때가 많았다. 한 사람, 한 사람을 예수라 믿고 섬겼다. 어느 날부터는 내 앞에 있는 이가 예수로 보였다. 눈물이 뺨을 타고 흘렀다. 그렇게 청년은 일평생 예수와 동행하는 삶을 살았다. 행복을 되찾았다. 예수와 함께 행복했다.

예수행복학 개론

에필로그

이 땅에 교회가 세워진 이후로, 낮은 데를 향한 전진은 그칠 줄 몰랐다. 초대교회로부터 이어진 전통은 늘 교회와 함께했다. 전통이라고 고수한 것은 아니었다. 예수의 십자가 사랑이 감사하여 작은 자들을 향한 행진이 그치지 않았을 따름이다. 교회사적으로 모든 부흥의 현장에는 작은 자들의 회복이 이어졌다. 주목받지 못하던 이들이 주목받고, 해결되지 못했던 가난이 해결되었다.

예수를 너무도 사랑하는 이들은 항상 있었다. 어떻게 하면 예수를 더욱 사랑할지 고민하는 신자들이 있었다. 그들은 예수를 사랑한다고 입술로 고백하는 데서 만족하지 않았다. 예수를 향한 사랑을 삶으로 증명하지 않고는 견딜 수 없었다. 예수를 더욱 사랑하게 해 달라고 몸부림쳤다. 결국 그들이 향한 곳은 낮은 데였다. 한결같이 모두 작은 자들을 찾아갔다. 거기서 예수를 만나고, 예수를 사랑했다.

행복을 찾았다. 예수와 함께하는 행복을 누렸다. 그들의 행복은 예수와 동행하는 데 있었다. 나를 가장 사랑하고, 내가 가장 사랑하는 예수와 함께 사는 것을 가장 큰 행복으로 여겼다.

오늘날 수많은 신자가 예수를 사랑한다고 입술로 고백한다. 그런데 정작 예수와 동행하지 못할 때가 많았다. 예수와 함께하는 삶의 기쁨을 온전히 누리지 못했다. 예수를 사랑하는 것은 결코 추상적인 것이 아닌, 실제적인 것이다. 나를 향한 예수의 사랑을 믿는다면, 예수의 말씀을 믿는다면, 마땅히 기도해야 한다. 내가 사랑할 예수가 어디 계신지 물어봐야 한다. 예수를 찾아 길을 나서야 한다.

'내가 사랑할 예수님 어디 계시지? 예수님, 지하철역 계단에 계실까? 예수님, 동대문 쪽방촌에 계실까? 예수님, 복지관에 계실까? 예수님, 보육원에 계실까? 예수님, 양로원에 계실까? 예수님, 마석가구공단에 계실까? 예수님, 병원에 계실까? 예수님, 소년원에 계실까? 예수님, 교도소에 계실까?

예수가 다시 오는 그날, 우리는 예수 앞에 설 것이다. 구원받은 의인들의 편에 서서 예수를 맞이할 것이다. 그때 우리는 예수의 칭찬

을 들을 것이다. 고맙다는 말을 들을 것이다.

> "아무개야, 참 고마웠다. 내가 배고플 때, 먹을 거 줘서
> 고마웠어. 내가 목마를 때, 마실 거 줘서 고마웠다. 내
> 가 집이 없을 때, 돌봐줘서 고마웠어. 내가 아플 때, 간
> 호해 줘서 고마웠어. 내가 감옥에 있을 때, 면회 와 줘
> 서 고마웠다."

우리는 예수와 함께 천국에 올라갈 것이다. 하나님의 나라에서 예수와 함께 살 것이다. 예수와 함께 이 땅에서 만났던 예수를 이야기할 것이다. 이 땅에서 예수와 쌓았던 추억들을 나눌 것이다. 그것이 나만의 이야기가 아니었음을 말이다. 그때 그 자리에 예수가 함께했음을 말이다. 이 땅에서 예수와 나눈 사랑 이야기는 영원히 그치지 않을 것이다. 영원히 예수와 행복할 것이다. 그러니 당장 달려가자. 이 땅에 계신 예수를 만나자. 영원한 이야기를 이제부터 시작하자. 그 행복을 지금부터 누리자. 영원한 행복이 지금 여기에서 시작된다.

예수행복학 개론